AF532741

Lieber Bruder, was sagen Sie dazu?

Anselm Grün antwortet
auf Fragen von Rosemarie Egger

Lieber Bruder, was sagen Sie dazu?

Anselm Grün antwortet auf Fragen von Rosemarie Egger

Mit einem Vorwort von Wolfgang Beinert

VERLAG NEUE STADT
MÜNCHEN · ZÜRICH · WIEN

Klimaneutral gedruckt – weil jeder Beitrag wichtig ist

2023, 1. Auflage

Umschlaggestaltung unter Verwendung eines Fotos von
Heike Huslage-Koch (© Heike Huslage-Koch CC-BY-SA 4.0)
und Satz: Neue-Stadt-Grafik
Druck: CPI books GmbH, Leck
ISBN 978-3-7346-1310-4

www.neuestadt.com

Vorwort

VOM WERT DES FRAGENS
Von Wolfgang Beinert

Im Fragen und Antworten, im Regelkreis der Kommunikation liegen Größe und Elend des Menschen begründet. Er begnügt sich nicht mit dem Gegebenen, sondern will erkennen, *„was die Welt im Innersten zusammenhält"*– und vermag es nicht, so viele Wissenschaften er auch studiert und wie hohe Geister er auch anruft. Und das *„will ihm schier das Herz verbrennen"* (Goethe, Faust I). Wer fragt, gelangt schnell an Grenzen, umso schneller, je radikaler er fragt: Wer bin ich? Warum bin ich und wozu? Warum ist nicht nichts? Und wenn alles nichts sein sollte? Eben das wäre der Tod! Wer also fragt, riskiert ihn. Wer nicht fragt, riskiert sein Menschsein. Er entzieht sich Gottes Willen.

Man kann also nicht *nicht kommunizieren.* Denn ebenso wie der Jammer liegt auch die Seligkeit des Menschen im Fragen begründet. Das Staunen (*thaumazein*) ist der Anbeginn der Philosophie (Aristoteles). Indem man das Selbstverständliche befragt und hinterfragt, entdeckt man neue und tiefe und beglückende Wahrheiten – und Liebe, umfassendste Liebe wird wach: die Liebe (*philia)* zur Weisheit (*sophia*). Sie schenkt Einsichten über die vorgefundene Natur (*phy-*

sis) hinaus (*meta*) und ermächtigt zur Rede (*logos) über* Gott (*theos)*. Metaphysik und Theologie entstehen als Suchbewegungen der Menschen. Aber nicht nur ihm zuleide, sondern auch zu seinem Glück.

Nach dem Neuen Testament ist der Beginn des Heils die Frage nach Jesus von Nazareth, dem Christus: *„Was ist das für ein Mensch?“* (Mt 8,27). Die Vollendung des Heils aber ist die Erkenntnis: *„Wahrhaftig, Gottes Sohn war dieser“* (Mt 27,54). In seinem Namen ist das Heil beschlossen (Apg 4,12).

Im Fragen vollzieht sich also das Humanum, die Freude wie das Leid, die Freiheit wie die Notwendigkeit, himmlische Seligkeit und höllische Qual als menschliche Möglichkeit.

Es gibt Leute, welche aus dieser Zweideutigkeit befreien wollen, indem sie Antworten zur Verfügung stellen, aber keine Fragen zulassen. Wir nennen sie Diktatoren oder Tyrannen. Sie verheißen abstrichlose Klarheit, doch exekutieren sie nur die absolute Versklavung erst des Denkens, dann des Handelns. Verweigerung des Fragens ist die denkbar schlimmste Vergewaltigung unter dem Vorwand der Fürsorge: der Verlust der Freiheit. *„Nichts kann den Menschen mehr verführen als Gewissensfreiheit, aber auch nichts ist qualvoller für ihn“*, hält der Großinquisitor in Dostojewskijs Erzählung „Die Brüder Karamasow“ dem stummen Jesus entgegen.

In der Freiheit gründet die Gottebenbildlichkeit und damit die Menschlichkeit des Menschen. Dann aber gehört das unbeschränkte Fragen und Suchen zu seinem Grundrecht und seiner Grundausstattung. Wer dem Menschen wohl will, will seine Freiheit. Wer die Freiheit will, gibt dem Fragen unbegrenzten Raum.

Die katholische Kirche hat das nicht immer wahrhaben wollen. Ihre große Theologie im Mittelalter aber war ein umfassendes Fragen. Und dessen unbestrittener Meister war Thomas von Aquin. Seine *Summa theologiae,* ein Schulbuch eigentlich, ist ein vieltausendfaches Fragen; seine Methode ist die *Quaestio,* die systematische Erforschung. Als der Verfall der Kirche sich abzeichnete, erkor die Kirche sich seit dem 19. Jahrhundert den Aquinaten zum Patron. Doch die Weise seines Fragens ließ sie nicht mehr zu: In der *Summa* beginnt jeder Artikel: „Ist es so?" Die Erörterung folgt. In den Lehrbüchern der Neuscholastik dagegen wird dem Schüler eine These vorgesetzt: „So ist es!" Die unhinterfragbare Lehramtsqualifikation machte alles Fragen überflüssig, schon die Frage der Infragestellung dieser Methode selbst.

Um die Wende zum 21. Jahrhundert ist das darauf ruhende System weitgehend zusammengebrochen. Die Kirche, die sich selber gern als *„Mater et Magistra, Mutter und Lehrmeisterin"*, sieht, wird vom Glaubenssinn der Gläubigen kaum noch als solche erkannt, weder als Mutter noch als Lehrmeisterin. Inzwischen darf Hoffnung keimen: Die Christenmenschen beginnen wieder zu fragen. Ein Hoffnungszeichen ist der *Synodale Weg,* der seit 2019 in Deutschland versucht wird – ungeachtet aller Schwierigkeiten und gegen alle Widerstände.

Ein Hoffnungszeichen ist auch dieses Buch. Zwei geistliche Menschen (*homines spirituales*) haben sich gefunden – eine Fragende und ein Antwortender, eine im Fragen Findende und ein im Antworten Suchender. Rosemarie Eggers Namen tragen viele Publikationen. Sie hat darin Fragen aufgeworfen, Stichworte gegeben – und zahllose Menschen gefunden, die darauf eingegangen sind. Und wer das tut, hat geistlichen Gewinn. Dieses Mal hat sie Anselm Grün, einen Mönch, zum Adressaten gemacht, der aus der benediktinischen Tradition hineinführt in die beglückenden Wahrheiten des Christentums. Doch tut er das so, dass die gestellten Fragen nicht autoritativ beschieden werden, sondern indem er Räume öffnet, die in größere Weite führen. Sie setzen das Suchen fort und geben ihm unerwartete Konturen.

So münden Fragen und Antworten auf den nachstehenden Seiten in einen Dialog mit dem Leser und der Leserin. Er ist der Modus des Gelingens von beidem. Man kann die folgenden Seiten nicht zur Kenntnis nehmen und dann zur Tagesordnung übergehen, sondern wird in den Wirbel der Freiheit des Erkennens hineingerissen. Unter den Umständen, in denen die Christenmenschen derzeit leben, ist das ein wesentlicher Schritt auch zur Reform der Kirche, in der die Freiheit der Kinder Gottes wieder aufleben und zum Leben führen muss.

Und mehr noch: Die christliche Theologie beschreibt Gott als den dreieinen Dialog der Liebe. Dialogfähigkeit und Dialogbereitschaft sind dann für uns Menschen der Weg, unserer Gottähnlichkeit gerecht zu werden. In der Gemeinschaft mit diesem Gott zu sein ist also ein nie endender, nie sich erschöpfender und dennoch unendlich beseligender Dialog der Liebe. Über sich hinauszugehen führt durch den Tod ins Leben, in die Gemeinschaft mit dem unermesslichen Sein. Die Unergründlichkeit des unendlichen Gottes wird zur erfüllenden Antwort.

Dieses Buch kann eine gute Hilfe auf diesem Weg sein.

Wolfgang Beinert

Wolfgang Beinert ist Priester, Hochschullehrer, Seelsorger und langjähriger Weggefährte von Joseph Ratzinger/Papst Benedikt XVI. Von 1972 bis 1978 war Beinert Professor für Dogmatik an der Ruhr-Universität Bochum, von 1978 bis 1998 Ordinarius für Dogmatik und Dogmengeschichte an der Katholisch-Theologischen Fakultät der Universität Regensburg, dem Lehrstuhl, den von 1968 bis 1976 auch Joseph Ratzinger innehatte.

INHALT

Lieber Pater Anselm, lieber Bruder,

Sie sind der bekannteste und wohl auch der beliebteste Mönch. Jahrzehntelang haben Sie weltweit Kurse und Vorträge gehalten. Als Psychologe machen Sie immer noch Beratungen, stehen für Podiumsgespräche und Vorträge zur Verfügung. Wie aber sieht der ganz gewöhnliche Alltag für einen ganz ungewöhnlichen Mönch im Kloster Münsterschwarzach von morgens früh bis zum Lichter-Löschen aus? Wie gestalten Sie ihn angesichts der immer noch großen Anforderungen von außen und gewiss an sich selbst? Und immer noch schreiben Sie Bücher (Bestseller!) so nebenbei. Öfter wird gefragt, woher der Welterfolg Ihrer Bücher wohl kommt? Ich erlaube mir, auch im Namen von Freunden und Bekannten, eine Erklärung: Mit Ihrem tiefen Glauben, Ihrer Gottesbeziehung und Erfahrung – in stille, einfache Worte gekleidet – wirken Sie bescheiden und authentisch. Es ist, wenn ich das so sagen darf, spürbar, wie Sie „im Auftrag Gottes" leben und schreiben.

Nun freue ich mich, viele freuen sich, wenn Sie jetzt zu Wort kommen. Auf die Eingangsfrage und viele andere, die ich Ihnen im Laufe der Zeit stellen durfte!

Herzliche Grüße aus Zürich,
Ihre
Rosemarie Egger

EIN LEBEN ALS BENEDIKTINERMÖNCH

Der Klosteralltag

Pater Anselm:

Mein Leben im Kloster ist ganz normal, wie das meiner 80 Mitbrüder.

Ich stehe um 4.30 Uhr morgens auf. Dann gehe ich zum Chorgebet, zu Vigil und Laudes in die Kirche. Die dauern von 5 bis 5.50 Uhr. Dann meditiere ich eine halbe Stunde in meinem Zimmer vor der Christusikone.

Um 6.30 Uhr feiern wir gemeinsam Eucharistie. Danach ist Frühstück im Schweigen. Dann lese ich eine halbe Stunde. Um 8 Uhr gehe ich in die Verwaltung. Ich bin zwar nicht mehr Cellerar, aber ich betreue weiterhin die Geldgeschäfte mit den Banken. Und in der Verwaltung beantworte ich die vielen Mails und Briefe, die ich täglich bekomme.

Um 12 Uhr ist Mittagshore in der Kirche, dann um 12.20 Mittagessen, wieder im Schweigen mit Tischlesung. Danach ruhe ich eine halbe Stunde und gönne mir einen Mittagsschlaf. Um 13.30 Uhr beginnt die Nachmittagsarbeit. Die besteht vor allem in Gesprächen mit den Gästen im Recollectiohaus. In diesem Haus für Priester, Ordensleute, für Männer und Frauen, die in der Kirche engagiert sind, begleite ich seit über 30 Jahren die Gäste.

Zweimal in der Woche halte ich abends einen Vortrag; ich fahre mit dem Auto und komme nachts wieder zurück. Im Gästehaus gebe ich etwa 30 bis 35 Kurse im Jahr, Führungsseminare während der Woche und spirituelle Kurse am Wochenende. Wenn ich keinen Kurs habe, dann schreibe ich am Samstagnachmittag und Sonntagnachmittag Artikel oder Bücher, je nachdem, was gerade ansteht.

Der normale Tag geht so zu Ende: Um 18 Uhr singen wir in der Kirche die Vesper, das Abendlob, dann ist Abendessen und um 19.30 Uhr Komplet, wieder in der Kirche. Ab 20 Uhr ist dann nächtliches Stillschweigen. Ich lese oder schreibe dann noch etwa bis 21.45 Uhr. Dann gehe ich ins Bett.

Leben und Schreiben

Rosemarie Egger: *Darf ich Sie da gleich etwas zu Ihren Büchern und Ihrem Leben fragen, lieber Bruder? Können Sie selber, nach nunmehr 58 Jahren Klosterleben, durch Ringen und tägliches bewusst gelenktes Denken und Handeln, vor allem durch Beten, Lesen in der Heiligen Schrift und Gespräche ... – können Sie jetzt im Alter, wo auch das Wichtigste hinzukommt, nämlich die Lebenserfahrung zusammen mit der Gotteserfahrung, können*

Sie das leben, was Sie schreiben? Dass Sie ein Segen geworden sind für viele Menschen, davon bin ich überzeugt; so ist es jedenfalls für mich. Wie aber geht es Ihnen selbst? Wie ist das Schreiben für Sie?

Pater Anselm:

Wenn ich ein Buch schreibe, schreibe ich es immer für mich selbst. Ich schreibe das auf, was ich zu leben versuche. Ich weiß, dass die Worte oft weiter sind als das, was ich schon lebe. Aber ich gebe mir im Schreiben die Richtung an, in die ich gehen möchte. Natürlich mache ich manchmal die Erfahrung, dass es leichter ist, etwas zu schreiben, als es zu leben. Und manchmal spüre ich schmerzlich: Trotz all der spirituellen Bücher, die ich geschrieben habe, begegne ich in mir auch ganz banalen und ganz und gar nicht spirituellen Gedanken und Bildern. Das ehrlich anzuschauen, macht mich demütig.

Es geht mir da so wie dem Wüstenvater Pambo. Als er im Sterben lag, sagte er zu seinen Brüdern: „Ich erinnere mich nicht, Brot gegessen zu haben, das ich nicht durch Handarbeit erworben hatte, noch empfinde ich Reue über ein Wort, das ich gesprochen habe, bis zu dieser Stunde. Und doch gehe ich zu Gott als einer, der nicht einmal angefangen hat, Gott zu dienen“ (*Apophthegma* 760).

Der Missionsgedanke der Missionsbenediktiner

Rosemarie Egger: *Sie sind Missionsbenediktiner. Mitbrüder von Ihnen finden sich weltweit, bis nach Südafrika. „Mission" – kann man das heute noch vertreten? Sogar der Dalai Lama sagte schon vor vielen Jahren, ein jeder solle bei seiner Religion bleiben, in der er erzogen wurde. Und bereits im 13. Jahrhundert hat König Alfons der Weise sein Testament mit einem an Christus gerichteten Einheitsgedanken abgeschlossen: „Oh mein Christus, der du sie alle annimmst, Christen, Juden, Mauren, wenn nur ihr Glaube auf Gott gerichtet ist." Und noch eine Persönlichkeit kommt mir diesbezüglich in den Sinn: der Sinologe Richard Wilhelm. Er hat mehr als 20 Jahre als Missionar in China gelebt, aber bekannt und später berühmt wurde er durch seine I GING-Übersetzung (Erstübersetzung 1924). Nach seiner Rückkehr sagte er zu seinem Freund C. G. Jung: „Das Beste von meinem Chinaaufenthalt war: Ich habe keinen einzigen Chinesen bekehrt!" Was sagen Sie dazu? Mir gefällt das außerordentlich!*

Pater Anselm:

Unsere Benediktinerkongregation von St. Ottilien wurde 1884 für externe Mission, vor allem in Tansania, dem damaligen Deutsch-Ostafrika, gegründet. Man wollte „die Heiden" zu Christen machen. Heute hat sich der Missionsgedanke gewandelt. Es geht nicht mehr darum, andere zu Christen zu machen, sondern in der ganzen Welt den christlichen Glauben präsent zu halten und die Ortskirche dort zu stärken durch spirituelle Zentren, wie es die Klöster sind.

Die christliche Botschaft ist eine Einladung *für alle.* Und für viele Menschen in Afrika ist diese Botschaft eine befreiende Botschaft. Heute wird den Menschen in der ganzen Welt der „American way of life" angeboten. Da ist es heilsamer für die Menschen, den christlichen Weg als heilenden Weg anzubieten. Aber es geht nicht darum, möglichst viele Menschen zu bekehren, sondern einen respektvollen Dialog mit den Religionen der Völker in Asien, Afrika und Lateinamerika zu führen. Im Dialog erfahren wir, dass Gott auch in anderen Religionen wirkt. Aber gerade in Asien erleben viele Menschen das Christentum als eine moderne Religion, die sie durchaus anzieht.

Mission heißt heute nicht: missionieren und bekehren, sondern in aller Welt Zeugnis ablegen von Jesus Christus. Das Zeugnis ist eine Einladung, miteinander Wege des Friedens und der Versöhnung in unserer zerstrittenen Welt zu finden. Insofern gehört heute zum Missionsgedanken, in der materialistischen Welt Zeugnis abzulegen für Werte, die die Gesellschaft „wert-voll" machen, und für spirituelle Wege, die den Menschen helfen, diese Welt aus inneren Quellen, aus der Quelle von Liebe und Barmherzigkeit zu gestalten und zu verwandeln.

Ein Weg zu Gott im Kloster

Rosemarie Egger: *Sie haben Ihren Alltag im Kloster beschrieben, den Tagesablauf. Was bedeutet Ihnen Gott in Ihrem Alltag? Und was Jesus? Sind Ihre Gedanken auf Gott gerichtet? Mit wem sprechen Sie: mit Gott oder mit Jesus?*

Ich selber kann mich nur mit Gott unterhalten, vor allem immer wieder danken. Aber die herrlichen Aussagen von Jesus lenken mein Leben, geben ihm eine Spur und die Richtung. Etwa sein so bedeutungsvoller Satz: „Warum siehst du den Splitter im Auge deines Bruders, und den Balken in deinem Auge bemerkst du nicht?" (Mt 7,3). Oder: „Nicht siebenmal, sondern siebzigmal siebenmal" sollen wir vergeben (Mt 18,22). Oder: „Mensch, wenn du weißt, was du tust, bist du selig."[1] *Heute würde er vielleicht ergänzen: „Wenn du weißt, was du denkst, bist du selig."*

Jesu Weisungen können, wenn wir uns bemühen, sie in uns wachzuhalten, den „Lichtfunken" in uns aufbrechen, den göttlichen Kern, mit dem jeder Mensch geboren wird. Tatsächlich dürfen wir manches Mal sekundenlang in jenem Lichte stehen, „von dem das Sonnenlicht nur ein Schatten ist". Insofern ist Jesus für mich der Weg und die Wahrheit für mein Leben mit Gott. Wie sehen Sie das?

---

1 Dieses Wort findet sich (zwischen den Versen Lk 6,4 und 6,5) in einer späteren Bibelhandschrift aus dem 5./6. Jh.

Pater Anselm:

Das Ziel unseres geistlichen Lebens ist Gott. Jesus ist der Weg zu Gott. Im Gebet halte ich meine Wirklichkeit, meine Emotionen, meine Sehnsüchte, auch manchmal meine Leere, Gott hin, damit Gottes Licht und Gottes Liebe in sie eindringt und alles erhellt und verwandelt. Aber wenn ich meditiere, meditiere ich mit dem Jesusgebet. Beim Einatmen sage ich: „Herr Jesus Christus" und lasse seine Liebe in mein Herz strömen, sodass es warm wird. Im Ausatmen sage ich: „Sohn Gottes, erbarme dich meiner"; ich lasse Jesu Liebe in meinen Leib und in alle Emotionen strömen. Und ich lasse mich von den Worten hinunterleiten in den wortlosen Raum der Stille auf dem Grund meiner Seele, der von der Liebe Jesu und von seinem Frieden erfüllt ist.

Jesus ist für mich eine faszinierende Gestalt. Ich erlebe ihn als einen Menschen, an dem man nicht vorbeigehen kann, der wunderbare Worte sagt und der die Menschen heilt und aufrichtet. Aber wenn mir dieser Jesus nahe wird in den Erzählungen und Worten der Evangelien, dann sage ich mir immer wieder: In diesem Menschen Jesus leuchtet mir Gottes Wirklichkeit auf. Da begegnet mir der unsichtbare Gott selbst. Es ist also ständig eine Spannung zwischen dem konkreten Menschen Jesus, wie er mir in den biblischen Geschichten erscheint, und der Aussage: Er ist Gottes Sohn. Wenn ich sage, er ist Gottes

Sohn, dann weiß ich noch lange nicht, was das wirklich bedeutet. Aber ich lasse das Geheimnis Jesu offen. Oder wie der evangelische Theologe Paul Tillich sagt: „Gott ist das, was uns unbedingt angeht." Wenn wir Jesus als Gottes Sohn bezeichnen, dann bekennen wir: Dieser Jesus geht mich unbedingt an! Ich muss mich ihm stellen, mit ihm ringen, bis ich ihn verstehe, bis seine Worte in mein Herz dringen und es verwandeln.

Wenn Jesus uns auffordert, ihm nachzufolgen, seinem Ruf zu folgen, dann bedeutet das für mich auch, den inneren Impulsen zu folgen, die in mir auftauchen, wenn ich still werde. Oder dem Christus in mir, meinem wahren Selbst zu folgen. Für C. G. Jung ist Jesus beides: der historische Rabbi aus Galiläa, der aber in der Geschichte zum Archetyp für das Selbst des Menschen geworden ist. Jesus folgen oder auf Jesus hören heißt immer auch, auf das wahre Selbst hören, auf die innerste Mitte hören, auf den ursprünglichen Kern in mir.

Ein Weg mit Herausforderungen: Was die Mönche unter „Dämonen" verstehen

Rosemarie Egger: *Lieber Bruder, Sie sagen, Sie möchten Ihren inneren Impulsen folgen. Nun gibt es ja nicht nur positive Impulse, sondern auch ungute Gedanken. Verschiedentlich haben Sie gesagt, die „Dämonen" sind* *nicht in uns, sondern greifen uns von außen an. Auch die alten Mönche sind dieser Meinung. Jesus aber verlegt das Böse in der Welt ins menschliche Herz: „Denn aus dem Inneren, aus dem Herzen der Menschen kommen die bösen Gedanken" (Mt 4,1). Er stellt sich auch den Versuchungen des Verführers in der Wüste.*

Pater Anselm:

Wenn die Mönche sagen, dass „die Dämonen" uns von außen angreifen, dann stellen sie sich keine sichtbaren Mächte vor. Vielmehr ist es für sie eine Hilfe zu wissen, dass die Emotionen und Leidenschaften wie etwa Zorn oder Neid zu mir kommen und in mir auftauchen. Aber ich *bin* nicht die Emotion. Ich kann mit der Emotion ringen, mit ihr umgehen, mit ihr sprechen. Die Rede von den Dämonen ist eine Hilfe, eine Distanz zwischen der Emotion und mir zu schaffen. Und das ist die Bedingung, mit ihr gut umzugehen. So sieht das die heutige Psychologie auch. Insofern entsprechen die Gedanken der Wüstenväter den Erfahrungen heutiger Psychologie.

Wie sollen wir dann die Worte Jesu verstehen? Er sagt: „Nichts, was von außen in den Menschen hineinkommt, kann ihn unrein machen, sondern was aus dem Menschen herauskommt, das macht ihn unrein" (Mk 7,15). Jesus erläutert es so: Die Speisen, die von außen in den Menschen kommen, können ihn nicht unrein machen. Und dann erklärt er: „Denn von innen, aus dem Herzen der Menschen, kommen die bösen Gedanken, Unzucht, Diebstahl, Mord, Ehebruch, Habgier, Bosheit, Hinterlist, Ausschweifung, Neid, Verleumdung, Hochmut und Unvernunft" (Mk 7,21f). Diese Worte Jesu stehen nicht im Widerspruch zu den Erfahrungen der Mönche. Die negativen Gedanken kommen aus dem Herzen. Sie machen den Menschen unrein, wenn er sich von ihnen beherrschen lässt. Aber Jesus meint auch: Wir *sind* nicht die negativen Gedanken. Unsere Aufgabe ist es, ihnen zu widerstehen, mit ihnen zu kämpfen. Evagrius Ponticus (345–399) nennt die Leidenschaften manchmal „Dämonen", manchmal auch nur „Gedanken" *(logismoi).* Nach ihm geben die Dämonen die negativen Gedanken ein und greifen mit ihnen unser Herz an. Daher erkennen wir die Gedanken in unserem Herzen.

Evagrius Ponticus, der Psychologe unter den alten Mönchen, fordert uns auf, unsere Gedanken genau zu beobachten: „Achten sollte er [der Mönch bzw. jeder Mensch] auf ihre Intensität, auch darauf, wann sie nachlassen, wann sie entstehen und wieder vergehen. Er sollte die Vielfalt seiner Gedanken beobachten, die Regelmäßigkeit, mit der sie immer wieder auftauchen, die Dämonen, die dafür verantwortlich sind, welcher die jeweils vorausgegangen ablöst und welcher nicht. Dann sollte er Christus bitten, ihm all das zu erklären, was er beobachtet hat" (*Praktikos,* Nr. 50). Ähnlich könnte es ein Psychologe von heute beschreiben. Wir sollen also die Gedanken, die im Herzen auftauchen, genau beobachten und dann mit ihnen ringen. Insofern sehe ich keinen Widerspruch zwischen den Worten Jesu und den Erfahrungen der Mönche.

Gemeinschaft und Räume der Stille

Rosemarie Egger: *Wir erleben Gott als Einzelne, und wir erleiden ihn als Einzelne. Jedem ganz persönlich erscheint er nach dem Erdenleben in durchstrahlendem Licht der Liebe. Aber daran denken wir zu wenig, weil wir so sehr die Gemeinschaft suchen, die uns doch nur scheinbar Geborgenheit gibt. Wie sehen Sie das? Sie leben ja nun seit mehr als 50 Jahren in einer Gemeinschaft. Wo finden Sie die tägliche nötige Stille, das Alleinsein mit Gott? Ich finde diese Stille täglich in einer Stunde im Wald oder auf dem Friedhof. Oft singe ich da: „Kyrie eleison – Herr, erbarme dich". Der Friedhof ist für mich ein wunderbarer Ort der geistigen und körperlichen Erneuerung. Bitte erzählen Sie: Wo finden Sie diese erneuernde, heilsame Stille?*

Pater Anselm:

Ich bin dankbar, dass ich seit 58 Jahren in der benediktinischen Gemeinschaft von Münsterschwarzach lebe. Die Gemeinschaft fordert mich immer wieder heraus, meine Schattenseiten anzuschauen. Und sie erinnert mich immer wieder daran, mich auf das gemeinsame Chorgebet einzulassen, auch wenn ich gerade von mir aus vielleicht nicht die Lust dazu habe. Doch das ist für mich eine wichtige Voraussetzung, alle meine Gefühle immer wieder vor Gott zu bringen, auch die Gefühle von Unlust. Die Gemeinschaft schützt mir aber auch den Raum des Alleinseins und der Stille. Jeden Morgen nach der Morgenhore meditiere ich wie gesagt eine halbe Stunde lang in meiner Zelle vor der Christusikone. Im Sommer nehme ich diese halbe Stunde in aller Frühe dazu, in unserer Bachallee zu meditieren. Ich gehe dann langsam den schönen Weg, spüre die Morgensonne, den frischen Wind, höre das Singen der Vögel. Das ist für mich auch Gotteserfahrung.

Ja, die Gemeinschaft *schützt* meinen persönlichen Raum der Stille. Denn das benediktinische Leben hat einen guten Rhythmus, in dem ich täglich den Raum der Stille, des Meditierens, des Lesens und auch des Gehens in unserem schönen Park für mich in Anspruch nehmen kann. Jeder hat andere Orte der Stille. Ich bewerte das nicht. Ich bin da.

Nochmals: Glaube und Gemeinschaft

Rosemarie Egger: *„Ist Glaube ohne organisierte Gemeinschaft, ohne konkrete Religion fassbar und lebbar?", fragt der katholische Priester Thomas Frings in* *seinem Buch: „Gott funktioniert nicht". – Ja, ich meine, Glaube ist auch ohne diese Gemeinschaft lebbar. Das schönste Beispiel ist C. G. Jung. Seine religiöse Erfahrung verlief außerhalb der institutionellen Kirche, in keiner Religionsgemeinschaft. Auch Mystiker, Gnostiker und andere hatten ihre eigene Begegnung mit Gott.*

Pater Anselm:

Der Glaube ist ein persönlicher Weg. Er verlangt immer wieder meine persönlichen Entscheidungen für oder gegen Gott, für oder gegen den spirituellen Weg. Die Einsiedler in der Wüste sind diesen Weg oft allein gegangen. Allerdings haben sie sich am Sonntag zur gemeinsamen Eucharistie und zum Austausch miteinander getroffen. Der Glaube ist zwar ohne organisierte Gemeinschaft möglich. Aber dennoch ist die Gemeinschaft eine große Hilfe. Es braucht eine starke Persönlichkeit, gegenüber dem Mainstream der Gesellschaft einen ganz persönlichen Weg des Glaubens zu gehen. Das Wesentliche des Glaubens ist die Erfahrung. Aber es braucht immer wieder auch den Austausch mit anderen, mit der Gemeinschaft, um die eigenen Erfahrungen richtig zu deuten.

Die Feste des Kirchenjahres wie Weihnachten und Ostern kann man nur sehr schwer alleine feiern. Benedikt von Nursia (um 480–547), unser Ordensgründer, war drei Jahre lang in einer Höhle. Da lebte er ohne Kirche und ohne die Feste des Kirchenjahres.

Papst Gregor erzählt, dass am Osterfest ein Priester von Gott den Impuls bekam, Benedikt in der Höhle aufzusuchen und mit ihm sein Ostermahl zu teilen. Er kommt zu Benedikt und sagt: „Komm, lass uns miteinander essen, denn heute ist Pascha." Benedikt antwortet ihm: „Ich weiß, dass Pascha ist, weil mir geschenkt wurde, dich zu sehen." Und Gregor gibt den Kommentar, dass Benedikt so fern von den Menschen lebte, dass er gar nicht wusste, dass an diesem Tag von der Kirche Ostern gefeiert wurde. In seiner Regel hat Benedikt dann die kirchliche Gemeinschaft sehr stark betont.

Es gibt offensichtlich beide Wege: den Weg des Einsiedlers, der fern von der organisierten Religionsgemeinschaft lebt, und den Gläubigen, für den die Gemeinschaft der Ort ist, an dem er sich vom Geist Jesu immer mehr durchdringen und verwandeln lässt.

Der Glaube des Einzelnen

Rosemarie Egger: *Gott macht den Menschen auf radikale Weise zum Einzelnen, das ist der Kern der religiösen Erfahrung Kierkegaards. Erst von Gott aus, also im Glauben, wird man wahrhaft zu sich selbst gerufen. Glaube, verstanden als Hingabe, erschöpft sich nicht in guten Taten und sittlich korrekten Überzeugungen, durch die man sich Ansehen verschafft. Glaube ist für Kierkegaard* *kein Gemeinschaftswerk. Es muss einem klar werden, dass man allein vor Gott steht, wie jeder auch seinen eigenen Tod stirbt.*

Pater Anselm:

Kierkegaard vereinzelt den Menschen. Das entspricht sicher auch seiner persönlichen Lebenserfahrung, in der er in Beziehungen oft gescheitert ist. Aber natürlich beschreibt er etwas Wesentliches: Gott fragt jeden Einzelnen von uns: „Adam, wo bist du?", oder: „Wo ist dein Bruder Abel?". Wir müssen uns diesen Fragen allein stellen.

C. G. Jung meint, Jesus habe den Menschen vereinzelt. Es genügt nicht, den Weg zu gehen, den andere gehen. Der Weg zu meiner Selbstwerdung und zu meiner Beziehung zu Gott führt durch die enge Tür. Ich muss die Tür finden, durch die ich zum Leben finde. Und Jesus fordert den Einzelnen auf, ihm nachzufolgen, ganz gleich, was der Vater oder was das eigene Über-Ich sagt. „Lass die Toten ihre Toten begraben!", sagt Jesus. Das meint, dass ich auf den inneren Impuls in mir hören soll und nicht auf die Stimme des Vaters. Bei meinen inneren Entscheidungen muss ich „den Vater begraben". Und ich soll bei meinen Entscheidungen nicht zurückschauen, ob auch alle Beifall klatschen. Wenn ich gespürt habe, was mein Weg ist, soll ich ihn auch gehen (vgl. Lk 9,57ff).

Aber Jesus hat auch eine *Gruppe* von Jüngern um sich versammelt. Glaube ist also einerseits eine einsame Entscheidung. Das Tor des Todes durchschreite ich allein (allerdings hat die christliche Tradition das abgemildert: Der Engel begleitet mich über die Schwelle zu Gott, aber eben kein anderer Mensch). Andererseits können wir dankbar sein, wenn eine Gemeinschaft von Glaubenden uns trägt. Auch für uns im Kloster ist die Gemeinschaft wichtig. Benedikt schreibt in seiner Regel: „Die Mönche sollen einander in gegenseitiger Achtung zuvorkommen; ihre körperlichen und charakterlichen Schwächen mit unerschöpflicher Geduld ertragen; im gegenseitigen Gehorsam miteinander wetteifern; keiner achte [nur] auf das eigene Wohl, sondern mehr auf das des anderen; ihrem Abt seien sie in aufrichtiger und demütiger Liebe zugetan. Christus sollen sie überhaupt nichts vorziehen. Er führe uns gemeinsam zum ewigen Leben" (RB 72).

Jesus sagt: „Daran werden alle erkennen, dass ihr meine Jünger seid: wenn ihr *einander* liebt" (Joh 13,35). Er bittet, dass alle *„eins sind"*, wie er und der Vater eins sind (vgl. Joh 17,21ff). So, wie Jesus die Bedeutung des Einzelnen heraushebt, so betont er also auch die Gemeinschaft. Hier berühren wir etwas vom Geheimnis des drei-einen Gottes in unserem Leben: Wir sind zur *Communio* berufen, zu einer Gemeinschaft, die nicht Uniformität bedeutet, sondern ein Für- und Miteinander von Menschen, die einzigartig, die frei sind.

GOTT, GOTTESERFAHRUNG UND THEOLOGIE

Theologie und Gotteserfahrung

Rosemarie Egger: *Hat Theologie eigentlich mehr mit Gotteserfahrung zu tun oder mit Erkenntnis? Es kann der Eindruck entstehen, dass Theologie eher ein intellektuelles Erforschen (insbesondere der Evangelien und des Alten Testaments) ist. Ein bewundernswertes Wissen eignet sich so mancher Theologe an über die Bergpredigt, etwa über die vielzitierte Feindesliebe, sodass ich jedes Mal, wenn ich darüber lese, zusammenschrumpfe. Doch gleich danach kommt mir der Satz in den Sinn: „Sie predigen Wasser und trinken Wein."*
Erwarten wir zu viel? Liegt der Fehler bei uns Nichttheologen, die wir meinen, dass Priester, Pfarrer, Theologen, die ihr Leben lang Tag für Tag über Gott sprechen und schreiben, mehr an sich arbeiten würden als ein „normaler Mensch"? Gott, so meinen wir, sollte eigentlich auf ihr Dasein abfärben.
Manchmal kommt mir der Gedanke, dass sich Theologen vielleicht oft deshalb so schwertun, sich für eine wirklich persönliche Gotteserfahrung zu öffnen, weil sie sich zu sehr auf das Wissen konzentrieren. Das Sprechen von Gott kann zu einer leeren Gewohnheitsrede werden. Jakob Paula, ein Priester, der in Dachau lebt,

schrieb in diesem Zusammenhang einmal: „Als Pfarrer ist es die tägliche Aufgabe und Herausforderung in verschiedenen Kommunikationssituationen, ständig direkt oder indirekt von Gott zu sprechen. Diese berufliche Verpflichtung, zu der noch die Vorgaben des liturgischen Sprechens hinzukommen, bringt die Gefahr mit sich, im schlechten Sinn routiniert-professionell in zu Floskeln verkommender Sprache daherzureden. Das Sprechen von Gott kann oft unmerklich zu einer leeren Gewohnheitsrede werden. Nichts ist wichtiger, als sich dieser Gefahr bewusst zu sein und darüber zu erschrecken."
Und hier ein Wort von Karl Rahner, in dem ich meine eigenen Überlegungen wiederfinde (das macht mich froh; dann sind meine Gedanken offenbar nicht so abwegig): „Der Mensch von heute wird nur dann auch im Bereich seiner theoretischen Überzeugung und seines öffentlichen Bekenntnisses ein Glaubender sein, wenn er eine wirklich persönliche Erfahrung im Bereich des Christlichen gemacht hat und darin durch die kirchliche Verkündigung immer wieder neu eingeweiht und eingeführt wird."

Pater Anselm:

Es gibt die Gefahr für Theologen und auch für Seelsorger und Seelsorgerinnen, dass sie berufsmäßig ständig von Gott sprechen, dass das Sprechen zur Routine wird, die Theologie zu einem intellektuellen Diskurs. Doch das muss nicht so sein.

Die Herausforderung für Theologen und Seelsorgerinnen besteht darin, bewusst ein spirituelles Leben zu führen. Das bedeutet, dass ich die Texte, über die ich predige oder reflektiere, immer zuerst auf mich beziehe:

Was sagt mir der Text?

Welche Erfahrung steckt dahinter?

Wie kann ich so leben, dass ich diesem Text entspreche?

Wer bin ich, wenn ich die Worte dieses Textes ernst nehme?

Beim Bedenken der biblischen Worte geht es in erster Linie darum, zu fragen: Wer bin ich? Die Worte zeigen mir das Geheimnis meiner Existenz: Ich bin Sohn (bzw. Tochter) Gottes, von Gott bedingungslos geliebt, von seiner Liebe erfüllt und durchdrungen.

Erst die zweite Frage geht auf mein konkretes Tun: Was soll ich tun, um diesen Worten zu entsprechen? Zuerst das Sein, dann das Sollen, und nicht umgekehrt, wie es die Kirche lange Zeit getan hat. Sie hat ständig moralisiert, ein neues Verhalten von den Menschen gefordert. Doch wenn das Sollen vom Sein getrennt ist, wird es zu einer Überforderung.

Das Sein braucht aber auch den Ausdruck im Tun, sonst würde es zu einem narzisstischen Kreisen um sich selbst.

Rosemarie Egger: *Hinter einer theologisch gebildeten Rhetorik droht Gott zur Salzsäule zu erstarren. Gott, der nur in den Köpfen der Menschen lebt, ist wie eine Fehlgeburt.*

Pater Anselm:

Mein Namenspatron Anselm von Canterbury (um 1033–1109) hat eine *betende Theologie* getrieben. Er hat im Gebet gerungen, um diesen Gott zu verstehen, zu dem er betet. Das ist für mich die Bedingung einer spirituellen Theologie. Wo das Gebet und wo die Erfahrung Gottes fehlen, werden die theologischen Gedanken zu leerem Stroh, wie Thomas von Aquin am Ende seines Lebens von seinen vielen theologischen Schriften gesagt hat.

Rosemarie Egger: *Gotteserfahrung, die sich nicht denken lässt, weil sie jedem Denken vorausgeht, dieser Gnadenakt wischt sogar den reichen Schatz der Theologie in den letzten Winkel. Oder?*

Pater Anselm:

Das Denken allein führt uns nicht zu Gott. Die Grundlage aller Theologie ist die Erfahrung. Wo die Erfahrung fehlt, da entsteht eine abstrakte und blutleere Theologie, die unser Herz überhaupt nicht berührt. Für mich besteht Theologie darin, an die Erfahrung heranzukommen, die hinter den Worten der Bibel, die aber auch hinter den Worten des Glaubensbekenntnisses steht. Nur wenn wir die Erfahrungen entdecken, können wir angemessen theologisch darüber nachdenken. Mir ist da der hl. Anselm von Canterbury ein Vorbild. Er spricht vom Glauben, der nach Einsicht sucht: *fides quaerens intellectum*. Zuerst ist die Erfahrung. Aber wir wollen diese Erfahrung auch verstehen. Theologie ist der Versuch, die Gotteserfahrung zu verstehen, sie unserer Vernunft einsichtig zu machen.

Rosemarie Egger: *Anselm von Canterbury lädt uns ein, immer wieder zu fragen, ob das, was der Glaube sagt, wirklich in einem größeren Sinnzusammenhang mit der Schöpfung steht. Über die Schöpfung wissen wir heute bedeutend mehr als zur Zeit des hl. Anselm. Wie denken Sie über diese Einladung an die Gläubigen?*

Pater Anselm:

Ein Grundsatz für Anselms Theologie lautete wie gesagt: *fides quaerens intellectum* – der Glaube sucht nach Einsicht. Das ist eine Aufgabe, der wir uns zu jeder Zeit neu stellen müssen. Unsere Aufgabe besteht darin, das, was wir glauben, in einen Zusammenhang zu bringen mit dem, was wir über den Menschen und seine Psychologie, über die Erde, den Sternenhimmel, den ganzen Kosmos wissen. Wir werden nie damit fertig, unseren Glauben so zu formulieren, dass unser Verstand damit zufrieden ist. Wir können den Glauben nie rein rational begründen. Aber wir können ihn so auslegen, dass wir ihn mit unserem Verstand akzeptieren können. Der Glaube übersteigt die Ratio. Aber die Ratio braucht einen Grund, um über sich selbst hinauszugehen. Darin besteht die Auslegung des Glaubens, dass der Verstand gerne über sich hinausgreift in eine Welt des Geheimnisses, vor dem man sich ehrfürchtig verneigt.

Rosemarie Egger: *Max Planck (1858–1947), der Begründer der Quantenphysik, hat es in einem Vortrag einmal so ausgedrückt: „Die Naturwissenschaft braucht der Mensch zum Erkennen, den Glauben zum Handeln. Religion und Naturwissenschaft schließen sich nicht aus, wie heutzutage manche glauben und fürchten, sondern sie ergänzen und bedingen einander. Für den gläubigen Menschen steht Gott am Anfang, für den Wissenschaftler hingegen am Ende allen Denkens."*

Der Dornbusch – ein Bild für den Menschen und seine Gotteserfahrung

Rosemarie Egger: *Wie der Dornbusch brennt und doch nicht verbrennt, das ist ein Geheimnis, an dem jeder Mensch ein wenig Anteil hat. Ist es nicht so, dass wir* *einen Strahl von seinem Feuer in uns tragen? So, dass er sich vor allem in dunklen Zeiten, wie wir sie jetzt erleben, ausbreiten kann?*

Pater Anselm:

Für mich ist der Dornbusch ein wichtiges Bild für unsere Gotteserfahrung und für unsere Beziehung zu Gott. Der Dornbusch steht für das Vertrocknete, Übersehene, Wertlose in uns. Mose erkennt: Der Dornbusch brennt, ohne zu verbrennen. Das bedeutet für mich: Gottes Licht, Gottes Liebe leuchtet in mir auf, sie brennt in mir, ohne mich zu verbrennen. Gott ist in mir mit seinem Feuer. Aber ich bleibe der Dornbusch. Ich bleibe dieser Mensch mit seiner Durchschnittlichkeit. Im Bild wird hier für mich ausgedrückt, was auch das Glaubensbekenntnis eher abstrakt ausdrückt: dass Jesus ganz Mensch und ganz Gott war: ungetrennt und unvermischt. Und das gilt in gewisser Weise auch für unsere Gotteserfahrung: Wir bleiben ganz Mensch. Und doch ist Gott in uns. Gott leuchtet in uns auf, Gott strahlt durch uns hindurch. Henri Nouwen erzählt, dass der Abt John Eudes Bamberger ihm die Aufgabe gestellt hat, einen Tag lang zu meditieren: *„Ich bin die Herrlichkeit Gottes."* In diesem Satz ist auch diese Spannung ausgedrückt: Ich bin ich, aber ich bin auch die Herrlichkeit Gottes, die in mir aufleuchtet. Ich bin eins mit Gott, aber ich löse mich nicht in Gott auf. Ich bleibe zugleich Mensch.

Rosemarie Egger: *„Ich bin die Herrlichkeit Gottes"?! Wenn der Abt diesen Unsinn mir aufgetragen hätte, wäre ich gegangen. Am Ende des Tages bildet sich jemand womöglich wirklich ein, die Herrlichkeit Gottes zu sein! Sie sagen doch selbst, wie gefährlich es ist, zu denken, man sei wie Gott: Ist das nicht das schlimmste Vergehen, weil es den Menschen in den Abgrund stürzt? Unser tiefstes Wesen, auch von Nicht-Gläubigen, verlangt und sehnt sich doch danach, anzubeten und sich hinzugeben! Wagen wir uns nicht zu weit ins Göttliche vor!*

Pater Anselm:

Die größte Gefahr der Spiritualität ist die Flucht in die Grandiosität. Man stellt sich über andere Menschen. Man kommt sich spiritueller und weiser vor als die anderen, die so banal dahinleben. Doch so werde ich blind für meine eigene Realität.

Mose erfährt beides: Er erfährt *Gottes Herrlichkeit* im *Dornbusch,* der brennt, ohne zu verbrennen. Wenn Abt John Eudes Bamberger Henri Nouwen das Wort „Ich bin die Herrlichkeit Gottes" als *Koan* aufgibt, als zu meditierenden kurzen Satz, dann darf uns das nicht dazu verleiten, uns über andere zu erheben. Wir können diesen Satz nur sagen, wenn wir uns zugleich bewusst machen: Ich bin der Dornbusch, vertrocknet, übersehen, unwichtig, leer. In mir, diesem ganz und gar durchschnittlichen Menschen, leuchtet aber doch manchmal die Herrlichkeit Gottes auf. Dann erlebe ich beides: meine Würde und zugleich Demut.

Daher ist die Demut für die Mönche so wichtig. Gerade wenn man eine spirituelle Erfahrung macht, braucht es die Demut. Sonst erheben wir uns über andere. Dann benutzen wir die Gotteserfahrung, um unser eigenes Ego aufzublähen. Graf Dürckheim, der die Jungsche Psychologie mit Zen-Meditation verbunden hat, meinte einmal: Es gibt Menschen, die ihre Schattenseiten verdrängen, aber auch andere, die ihre Lichtseiten verdrängen. Dabei gehört beides zu uns!

Auch der Gottlose ist Gott nicht ganz los

Rosemarie Egger: *Auch der Gottlose ist Gott nicht ganz los. Weil ein jeder mit dem Gottesfunken in seiner Seele geboren wird. Erst mit der Zeit, im Zusammenhang mit dem Irdischen, wird das Licht in uns getrübt. – Wie denken Sie?*

Pater Anselm:

Wir können Gott nicht loswerden. Denn in jedem Menschen lebt die Sehnsucht nach etwas, das größer ist als wir selbst, die Sehnsucht nach dem Geheimnis, nach dem Transzendenten. Lukas legt dem Paulus auf dem Areopag die Worte in den Mund: „Keinem von uns ist er fern. Denn in ihm leben wir, bewegen wir uns und sind wir, wie auch einige von euren Dichtern gesagt haben: Wir sind von seiner Art" (Apg 17,27f). Lukas bezieht sich hier auf die stoische Philosophie, die auch vom Göttlichen spricht, das in uns ist. Natürlich versteht Lukas das Göttliche nicht apersonal, sondern als den Gott und Vater Jesu Christi. In Jesus wird uns Gott erfahrbar, und wir dürfen vertrauen, dass dieser Gott auch in uns wohnt. Die frühen Mönche sagen: In jedem von uns ist ein Raum der Stille, ein heiliger Raum, in dem Gott in uns wohnt. Gott ist schon in uns. Aber wir haben oft keine Beziehung zu ihm. Wir spüren diesen inneren Raum nicht.

Die Kirchenväter haben noch eine andere Erfahrung gemacht. Sie sagen: Wenn du Gott spüren willst, musst du dich zuerst selber spüren. Wer sich selbst wirklich spürt, wer in Beziehung ist zu sich selbst, der ahnt auch, dass in seinem Innersten Gott wohnt und dass die Beziehung zu Gott ihn erst zum ganzen Menschen macht.

Warum gibt Gott sich nicht allen zu erkennen, wenigstens im Alter?

Rosemarie Egger: *Heute, lieber Bruder, bitte ich Sie, eine meiner wichtigsten Fragen anzuhören, zu der ich selbst nicht annähernd etwas sagen kann: In den letzten* *zehn Jahren sind mir öfter ältere Menschen begegnet, 70- bis 80-Jährige, die mir in einem Gespräch auf meine Frage, was sie jetzt als Sinn ihres Lebens sehen, erstaunt, ein wenig erschreckt zur Antwort geben, darüber hätten sie noch nie nachgedacht. Es sind oft Frauen, sie sind hilfsbereit, verständnisvoll und tolerant; auffallend ist vielfach ihre ausgeglichene Wesensart. Später erfahre ich oft, sie würden gerne glauben können, aber die Gottesfrage habe sich ihnen nie gestellt. Doch sie vermissen auch nichts: „Nein, wirklich nicht!", geben sie zur Antwort, wenn ich frage. Sie sind dankbar, wenn es ihnen gut geht. Und Menschen in Not zu helfen, das sei ja selbstverständlich. Viele erzählen mir, Musik, Bücher, Ausstellungen, Theater und vor allem ihr Freundeskreis erfüllten ihr Leben. Daran erfreuen sie sich. – Warum ich das erzähle? Weil ich mich oft frage: Warum gibt sich Gott nicht endlich diesen Menschen zu erkennen? Zumindest jetzt, im Alter! Warum zeigt er sich ihnen nicht?*

Pater Anselm:

Karl Rahner würde sagen, dass diese alten Menschen, die hilfsbereit und tolerant und ausgeglichen sind, unbewusst Gott mitbejahen. Wer den Menschen bedingungslos annimmt, greift über den Menschen hinaus und berührt Gott, auch wenn er das nicht ausdrücklich so benennen würde.

Die frühen Mönche sagen in Anlehnung an den 1. Johannesbrief: „Hast du deinen Bruder gesehen, hast du Gott gesehen." Das könnte man auch von diesen Menschen sagen. Ich muss sie also gar nicht bekehren oder ihnen beweisen, dass Gott den Sinn unseres Lebens ausmacht. Wenn sich diese alten Menschen keine Gedanken über den Sinn des Lebens machen, obwohl sie hilfsbereit, verständnisvoll und ausgeglichen sind, so *leben* sie den Sinn des Lebens, auch wenn sie das nicht ausdrücklich so nennen.

Viktor E. Frankl nennt drei Werte, die unser Leben sinnvoll machen: schöpferische Werte, Erlebniswerte und die Einstellungswerte. Offensichtlich leben diese alten Menschen unbewusst diese drei Werte, die unserem Leben Sinn verleihen.

Rosemarie Egger: *Wie schön! Hier gehen Sie ganz in den Spuren von Augustinus: Wenn Menschen von sich aus das Gute leben, wenn sie die Liebe im Herzen haben, ist – wenn auch unbewusst – die Beziehung zu Gott schon da: „Liebe – und tu, was du willst!"*

Bilder von Gott

Rosemarie Egger: *Ich glaube, Gott, der allmächtige Geist, die unsichtbare Kraft, die die Welt bewegt, lässt es sich gefallen, wenn Menschen ihn mit Händen und einem Gesicht versehen, weil sie mit Gott nur „realistisch" in Beziehung treten können. Sie brauchen Bilder von*

Gottvater, von Jesus, auch von dessen Mutter Maria. Auch wenn ER uns ausdrücklich sagt: Du sollst dir von Gott kein Bildnis machen.
Gottes Geist schwebt, so die Erzählung von der Schöpfung, über dem Wasser, über der Erde. Er schwebt und webt im All „auf der Suche nach dem letzten aller Schurken, bis er ihn findet und heimholt in sein Reich", schreibt Christoph Wrembek in seinem Buch „Judas, der Freund". „Gott lässt uns nicht fallen, keinen Einzigen von uns und uns alle miteinander nicht!", sagte Karl Barth am Abend vor seinem Tod in einem Telefongespräch mit seinem Freund Eduard Thurneysen.

Pater Anselm:

In der frühen Kirche entstand ein Streit, ob wir Gott darstellen dürfen, da doch Gott in den Zehn Geboten befohlen hat, wir sollten uns von ihm kein Bildnis machen. Die Kirche hat das zumeist ernst genommen. Sie hat weitgehend darauf verzichtet, Gott darzustellen, und auch andernfalls gewusst, dass er kein alter bärtiger Mann ist. Wohl aber hat sie Jesus dargestellt, der das Ebenbild Gottes ist. Denken wir an die Bilder und Skulpturen von Jesus als dem Guten Hirten oder an die vielen Darstellungen biblischer Geschichten: der Geburt Jesu, der Anbetung der Magier, der Taufe Jesu, der Verklärung, an Bilder von Heilungsgeschichten, von der Passion, der Kreuzigung und der Auferstehung. In diesen Bildern leuchtet etwas von Gott auf. Und die Kirche hat Maria, die Apostel und die Heiligen dargestellt, weil in ihnen auch etwas von Gott aufleuchtet.

Gott will jeden Menschen berühren und verwandeln. Er lässt keinen fallen. Die Frage ist nur, ob sich Menschen der Liebe Gottes total verweigern. Diese Freiheit gibt es, aber wir dürfen hoffen, dass die suchende Liebe Gottes stärker ist als die Verweigerung des Menschen.

Gottes Zorn und „Gott, die Liebe"

Rosemarie Egger: *Im Alten Testament ist oft die Rede von Gottes Zorn. Da könnte man sich fragen, ob er sich in seinem Sohn Jesus etwa selber gewandelt hat? Jesus hat sich ja sogar für die Feindesliebe und die „Siebzigmal-sieben"-Vergebung und -Nächstenliebe eingesetzt. Im Alten Testament heißt es, Gott habe in seinem Zorn auch getötet, und die grauenhafte Sintflut war nach der biblischen Erzählung Gottes Werk. Und doch sagt unser Glaube: Gott ist Liebe. Ich bin überzeugt: Er w i r d Liebe sein.*

Pater Anselm:

Wenn es im Alten Testament heißt, dass Gott die Sintflut geschickt hat, dürfen wir das nur als Bild sehen: als Bild dafür, dass der Mensch nicht ungestraft leben kann, wie er möchte. Wenn er sich an die Gebote nicht hält, die seiner Natur eingeschrieben sind und die seinem Wesen entsprechen, dann reagiert die Welt. Gott ist kein strafender Gott. Aber Gott ist auch nicht der liebe Vater, der zu allem Ja und Amen sagt. Er ist immer auch der unverständliche Gott. Karl Rahner meinte einmal, Glauben würde bedeuten, ein Leben lang Gottes Unbegreiflichkeit auszuhalten und darauf zu vertrauen, dass dieser unbegreifliche Gott dennoch Liebe ist, aber eben nicht eine so romantische Liebe, wie wir sie uns oft vorstellen. In Jesus ist die Liebe Gottes Mensch geworden und hat ein menschliches Antlitz bekommen, sodass sie für uns verständlich wird. Gott als Liebe durchdringt die ganze Welt. Teilhard de Chardin spricht von *Amorisation* und meint damit, dass die ganze Materie von Gottes Liebe durchdrungen ist.

Rosemarie Egger: *Ja, die Materie, die Natur ist gewiss durchdrungen von Gottes Liebe, aber vom Menschen kann man das nicht sagen. In ihm ist nur der Gottesfunke, den er selbst entzünden, missachten oder gar löschen kann.*

Pater Anselm:

Ich möchte noch etwas zu der Frage sagen, ob Gott sich selber gewandelt habe. Meine Antwort: Gott war immer schon Liebe und Barmherzigkeit. In Jesus wurde das Bild des barmherzigen und liebenden Gottes für uns Menschen auf neue Weise sichtbar.

Aber diese Liebe ist uns trotzdem oft unverständlich, gerade wenn wir mit dem Leid der Welt konfrontiert werden. Dann spüren wir, dass diese Liebe für uns letztlich unbegreiflich ist. Wenn wir die Liebe Gottes nicht verstehen, dann ist es gut, sich das Verhalten und die Worte Jesu genauer anzuschauen. Dann spüren wir die Liebe Gottes in diesem Menschen Jesus von Nazareth, in der Art und Weise, wie er sich den Menschen zuwendet, sie berührt und zu ihnen spricht.

Und gerade weil er uns liebt, mahnt Jesus uns auch: „Lebe bewusst! Du kannst auch scheitern, du kannst dir schon hier das Leben zur Hölle machen. Du sollst dir nichts vormachen. Du kannst dich und das Leben und Gott nicht betrügen. Spätestens im Tod wirst du deiner Wahrheit begegnen. Dieses Wissen soll dich herausfordern, jetzt deinem Wesen entsprechend zu leben.“ Das ist die Mahnung, die wir alle brauchen. Denn wir alle sind in Gefahr, uns etwas vorzumachen. Aber Jesus verbindet mit der Mahnung immer auch die Hoffnung, dass wir spätestens im Tod uns in seine liebenden Hände fallen lassen.

Gott und Jesus – und der Heilige Geist?

Rosemarie Egger: *Wir sprechen viel von Gott oder von Jesus. Der Heilige Geist wird selten erwähnt …*

Pater Anselm:

Der Heilige Geist ist für viele nicht so gut vorstellbar. Daher wird er oft vernachlässigt.

Der Heilige Geist ist in uns. In ihm wirkt Gott, wirkt Jesus in uns.

Der Heilige Geist – so zeigt uns Johannes in seinem Evangelium – ist erfahrbar als Quelle. Wenn wir in uns hineinschauen, entdecken wir auf dem Grund unserer Seele eine Quelle von Liebe und von Kraft. Das ist der Heilige Geist. Wenn wir aus dieser Quelle schöpfen, sind wir nie erschöpft.

Lukas zeigt uns ein anderes Bild, wie wir den Heiligen Geist erfahren können: als Glut, die in uns ist und uns mit Gottes Liebe wärmt.

Und der Heilige Geist zeigt sich als eine Sprache, bei der ein Funkte überspringt, als eine Sprache, die wärmt und die uns miteinander verbindet, weil jeder sie versteht.

Die Bilder der Quelle, der Glut und der Sprache helfen uns, den Heiligen Geist zu erfahren. Durch den Heiligen Geist erleben wir uns selber neu. Wir müssen nicht unser Ego zelebrieren, sondern wir werden durchlässig für eine größere Kraft, für die Kraft des

Heiligen Geistes, der Liebe ist, Energie; der begeistert und uns antreibt, aus uns herauszugehen, um diese Welt im Geiste Jesu zu gestalten.

Gottes Namen heiligen?

Rosemarie Egger: *Warum heißt es im Vaterunser: „Geheiligt werde dein Name"? Man könnte das als zukunftsorientierte Bitte verstehen bzw. missverstehen. Sollte es nicht besser heißen: „Geheiligt ist dein Name"? Oder: „Geheiligt war, ist und bleibt dein Name ewiglich!"?*

Pater Anselm:

Unsere Übersetzung „Geheiligt werde dein Name" meint nicht ein Geschehen in der Zukunft. Es ist vielmehr eine Bitte: Gottes Name soll geheiligt werden von uns Menschen. Wir sollen seinen Namen heilig halten, das bedeutet, dass wir Gott nicht für uns vereinnahmen. Heilig ist das, was der Welt entzogen ist. Die Bitte ist also eine Mahnung an uns, dass wir Gott als den Heiligen, den Unverfügbaren, den Unbegreiflichen verehren und ihn nicht festlegen auf unsere oft beschränkten Gottesbilder. Und es ist eine Bitte an Gott, dass Gott selbst sich uns zeigen möge als der Heilige, der uns heiligt, der uns aus der Herrschaft dieser Welt heraushebt in den heiligen Raum, in dem wir ganz wir selber sein dürfen. Augustinus sagt: Mit unserer Bitte bewirken wir nicht die Heiligung des Namens Gottes. Denn Gottes Name ist schon heilig. Doch wir bitten so, damit in uns die Sehnsucht nach der Heiligung von Gottes Namen wächst, dass wir in Berührung kommen mit dem heiligen Gott und mit dem Heiligen in uns.

Gott und die Welt:
Ist die Schöpfung ein Raum offener Möglichkeiten?

Rosemarie Egger: *Der Astrophysiker Gerhard Börner antwortete auf die Frage, was Gott sich wohl während des Urknalls gedacht habe: Er stelle sich vor, Gott habe etwas Interessantes schaffen wollen – nämlich einen Raum von Möglichkeiten, in die sich die Welt hineinentwickeln könne. Wohin die Entwicklung gehe, habe Gott offengelassen, vielleicht auch selbst nicht genau gewusst.*

Pater Anselm:

Die Gedanken, die Gerhard Börner während des Urknalls in Gott hineinlegt, sind interessant. Ich kann sie mir vorstellen. Doch zugleich weiß ich, dass es *unsere* Gedanken sind, die wir uns da über Gott machen. Was Gott wirklich dachte, was beim Urknall wirklich geschah und was Gottes Absicht war, das wissen wir nicht. Das ist reine Spekulation. Wir brauchen manchmal solche Überlegungen, um die Welt zu verstehen. Aber die eigentlichen Gotteserfahrungen sind jenseits aller Verstandesüberlegungen.

Als Thomas von Aquin eine tiefe Gotteserfahrung machte, erkannte er, wie schon erwähnt, dass alles, was er über Gott geschrieben hatte, nur Stroh war. Wenn Gott in unsere Erfahrung tritt, können wir – so sagt Evagrius Ponticus – nur mit Weinen reagieren. Evagrius meint sogar: Wenn du noch nie geweint hast, hast du noch nichts von Gott erfahren. Die Gotteserfahrung macht uns sprachlos. Aber unser Geist, ja unser Leib reagiert – entweder mit einem tiefen Schweigen jenseits aller Worte oder eben körperlich mit Tränen oder einer Ekstase, so wie Bernini die Gotteserfahrung der hl. Teresa von Avila dargestellt hat.

SEELSORGE UND PSYCHOLOGIE, PSYCHE UND LEBEN AUS DEM GLAUBEN

Rosemarie Egger: *Sie sprachen davon, dass wir das, was wir glauben, in einen Zusammenhang zu bringen haben mit dem, was wir über den Menschen und seine Psychologie wissen. Ein Seelsorger, Pfarrer oder Theologe ohne psychologische Kenntnisse ist heute nicht mehr vorstellbar. Es wäre sonst so, als fehlte ihm ein Arm. Psychologie im Sinne von C. G. Jung ist ein großes Abenteuer; es geht um unsere Menschwerdung, um das Bewusstsein innerer Wandlung. Da Sie auch Psychologe sind, interessiert mich sehr, was Sie dazu sagen.*

Pater Anselm:

Die frühen Mönche in der Wüste waren gleichsam die Psychologen ihrer Zeit. Sie hatten ein tiefes Wissen um den Menschen und seine Seele, aber sie haben keine psychologische Sprache im heutigen Sinn gesprochen. Jeder Seelsorger und jede Seelsorgerin, die sich um die Seele des Menschen kümmern, müssen die Seele kennen. Und da ist die Psychologie eine wichtige Hilfe. Die Psychologie deckt uns Wichtiges über die Wahrheit des Menschen auf. Seelsorge bedeutet dann, diese Wahrheit in die Beziehung zu Gott zu halten. Gott ist dann der, der eigentlich heilt. Weder der Psychologe noch der Seelsorger heilen, sondern Gott. Aber es braucht eben auch die ehrliche Begegnung mit Gott, in der ich meine ganze Wahrheit vor ihm aufdecke und sie von seiner heilenden Liebe durchdringen lasse.

Versuchungen

Rosemarie Egger: *Gott lässt es zu, dass wir auch in Versuchung geführt werden. Er will, dass wir für das Gute kämpfen. Der Kampf macht uns stark und lebendig. Wie erleben Sie das? Was sagen die Mönche dazu?*

Pater Anselm:

Die Mönche sagen, dass die Versuchungen wesentlich zum Menschen gehören. Der erste aller Wüstenväter, der große Abbas Antonios, sagt: „Keiner kann unversucht ins Himmelreich eingehen. Nimm die Versuchungen weg, und es ist keiner, der Rettung findet“ (*Apophthegma Antonios,* Nr. 4).

Die Versuchungen machen den Mönch „bewährt“. Er reift daran. Er begegnet seiner eigenen Wahrheit und öffnet sich für Gott. Denn er spürt, dass er auf Gottes Hilfe angewiesen ist. Und so, wie der Baum, der vom Sturm geschüttelt wird, seine Wurzeln tiefer in die Erde gräbt, so wird der Mensch reifer und stärker durch die Versuchungen. Aber entscheidend ist, dass er sich den Versuchungen stellt und mit ihnen kämpft.

Wenn wir im Vaterunser beten, dass Gott uns nicht in Versuchung führen möge, dann meint das nicht die Anfechtungen, mit denen wir kämpfen, sondern die innere Verwirrung, in der wir gar nicht mehr wissen, wo wir dran sind. Das meint der griechische Ausdruck *peirasmos,* den Jesus hier verwendet.

Jesu Versuchung in der Wüste

Rosemarie Egger: *In der Erzählung von den Versuchungen Jesu in der Wüste sagt der Teufel zu ihm: „Wenn du niederfällst und mich anbetest, will ich dir das alles geben" (Mt 4,9). – Wie kann es sein, dass der Teufel meinte, Jesus, den vollkommenen Menschen und Sohn Gottes, mit einem so lächerlichen, banalen Angebot verführen zu können? Es wurde Satan wohl in den Mund gelegt, weil die Menschen zu allen Zeiten, auch heute, so denken: Geld und Besitz bedeuten ja Macht und üben die größte Anziehung aus; sie sind die größte Verführung.*

Pater Anselm:

Die drei Versuchungen, von denen uns Matthäus und Lukas erzählen, sind typisch für jeden Menschen. Jesus ist ganz und gar Mensch. Aber er lässt sich nicht verführen. Die Verführung zur Macht ist zu allen Zeiten für die Menschen eine große Versuchung gewesen und ist es heute noch. Macht an sich ist nicht schlecht. Macht bedeutet, etwas bewirken zu können. Doch die Macht hat immer etwas Verführerisches. Mit ihr kann man die eigene Leere ausfüllen und den eigenen Minderwertigkeitskomplex an anderen ausagieren, indem man die anderen klein macht. Jesus widersteht der Versuchung, um uns einen Weg zu zeigen, in Freiheit unseren Weg zu gehen. Die Evangelien zeigen uns, dass der Missbrauch der Macht letztlich immer ein Bündnis mit dem Satan ist. Das zeigen auch viele Märchen, in denen Menschen mit dem Teufel ein Bündnis schließen, um mehr Geld und mehr Macht zu haben. Doch zuletzt verfallen sie dann dem Teufel. Das sind Bilder, die immer gelten. Nur müssen wir sie eben als Bilder nehmen und nicht als äußere Realität.

Rosemarie Egger: *Jesus, ganz und gar Mensch? Dazu möchte ich bemerken: Wenn er ganz und gar Mensch war wie einer oder eine von uns, dann müssten wir alle wie Jesus sein: sünd- und schuldlos. Seine göttliche Natur kann von seiner menschlichen nicht getrennt werden! „Ich bin nicht von dieser Welt" (Joh 8,23), sagt er. Und auch: „Wer mich sieht, sieht den Vater" (Joh 14,9). Er ist „das Bild des unsichtbaren Gottes" (Kol 1,15); ihm und dem Vater gehört die Welt. Das Angebot des Teufels in der Wüste nach seiner Fastenzeit (Mt 4,9; Lk 4,7) ist deshalb für Jesus keine denkbare Verführung. Jesus kann nicht verführt werden. Er ist erhaben, ja enthoben aller irdischen, menschlichen Begierde. Die geistige und die mate-*

rielle Welt sind Reich Gottes, Reich seines Sohnes und Reich des Heiligen Geistes. Niemals kann sich die sichtbare, reale Welt gegenüber der unsichtbaren Geistwelt behaupten. Die geistige Welt, in der Jesus lebte und wirkte, ist so stark und machtvoll, sie regiert und durchdringt auf uns unverständliche Weise die Welt. Sagt Jesus nicht: „Ich habe die Welt besiegt!" (Joh 16,33)?

Der freie Wille

Rosemarie Egger: *Einem jeden Menschen können wir im Laufe seines Lebens das Heilige, aber auch das Dämonische zutrauen. Er kann sein Leben für einen anderen hingeben, aber er kann auch töten. Wer aber bestimmt das? Nur der Mensch? Oder ist Gott mitverantwortlich? Hat der Mensch wirklich diese Freiheit bekommen? Wächst sie in ihm? Kann er sich wandeln mithilfe seines freien Willens? Ist es ein Wettkampf zwischen diesen beiden Kräften von Gut und Böse? Ich selber meine: Ja, es ist ein Wettkampf bis zum Lebensende.*

Pater Anselm:

Die Mönche verstehen den Menschen als einen, der sein Leben lang angefochten wird. Sie wissen um die Versuchung durch negative Gedanken, um innere Zwänge, fixe Ideen, zerstörerische Leidenschaften. Doch der Mensch ist frei, dagegen zu kämpfen. Von der modernen Psychologie wissen wir, dass diese Freiheit immer eine begrenzte Freiheit ist. Wir sind geprägt durch unsere Erziehung. Und wenn wir in der Kindheit tief verletzt worden sind, dann geben wir gewöhnlich unsere Verletzungen an andere weiter. Aber auch das ist kein Automatismus! Wir haben in uns doch die Freiheit, uns mit den Verletzungen auszusöhnen. Dann werden wir sie nicht mehr weitergeben, dann unterliegen wir nicht mehr dem Wiederholungszwang, von dem Sigmund Freud spricht.

Aber die alten Mönche sind realistisch genug zu sehen, dass in jedem von uns eben auch die Tendenz steckt, Böses zu tun. Daher sagen sie: Wenn wir einen andern sündigen sehen, dann sollen wir ihn als Spiegel für uns nehmen und sagen: „Ich habe gesündigt." Das klingt in unseren Ohren übertrieben, aber sie sagen uns damit etwas sehr Wichtiges: Statt über andere zu urteilen, sollen wir erkennen: Ich könnte genauso sündigen. Es ist nicht mein Verdienst, dass ich nicht sündige; Gott hat mich davor bewahrt.

Freiheit und Gnade gehören für die Mönche immer zusammen.

Die Antwort der heiligen Hildegard von Bingen

Rosemarie Egger: *Wibert von Gembloux fragte im Jahr 1176 die heilige Hildegard von Bingen: „Was haben die Gnade Gottes und die Entscheidungsfreiheit gemeinsam, und was ist ihnen eigen?" – Ihre Antwort: „Die Entschei-*

dungsfreiheit wohnt in der Seele, die als Hauch Gottes existiert und die Gott nach der Gestalt seines Geschöpfes schafft. Mit ihr erfährt der Mensch, dass er einen Gott hat, ob er nun gläubig oder ungläubig ist, welchen Beruf und welche Weltanschauung er auch hat. Wer in seiner Erkenntnis das Böse wählt, neigt sich ihm zu, wie es Adam tat, der um das Gebot Gottes wusste und auf den Rat der Schlange zum Bösen abwich. Die Gnade Gottes und die Entscheidungsfreiheit haben gemeinsam, dass der Mensch im Wissen um Gut und Böse wählen kann, ob er gut oder böse handelt, und was er in eigener Entscheidungsfreiheit nach dem Geschmack und Verlangen des Fleisches wählt – er kann niemals gezwungen werden, darauf zu verzichten –, das führt er unter dem Einfluss des Teufels aus, und was er nach dem Wunsch der Seele wählt, das vollendet er mit Hilfe der Gnade Gottes." – Ich glaube, dass diese Antwort ganz in Ihrem Sinne ist.

Pater Anselm:

Was Hildegard von Bingen über die Entscheidungsfreiheit sagt, kann ich nur bestätigen. Wenn wir uns des Gottes bewusst sind, der in uns wohnt, dann fühlen wir uns frei. Denn dann werden wir nicht beherrscht von den Erwartungen der Menschen und auch nicht von unseren eigenen Bedürfnissen. Dann können wir in aller Freiheit entscheiden.

Die frühen Mönche geben vier Kriterien an, an denen wir Gottes Stimme in uns erkennen: Dort, wo mehr *Lebendigkeit, Freiheit, Friede und Liebe* ist, dort ist Gottes Stimme. Und nach dieser Stimme sollten wir uns dann konkret entscheiden. Dort, wo Enge, Angst und Überforderung herrscht, ist es – nach den Worten der hl. Hildegard – die Stimme des Teufels. Denn der will uns immer schaden. Hildegard spricht in Bildern. Der Teufel ist keine unabhängige Person. Wir würden heute sagen, er steht für ein strenges Über-Ich, das uns mit inneren Stimmen bombardiert, die uns in die falsche Richtung bringen wollen. Wenn wir also in Berührung sind mit unserer Seele, haben wir ein Gespür für Gott in uns. Und dann entscheiden wir uns frei.

Gnade und Freiheit

Rosemarie Egger: *Mit freudigem Schrecken stieß ich heute Früh auf einen Gedanken von Karl Rahner, etwas, was ich vor einigen Monaten selber gedacht, ja erfahren habe: „Kann man sich ein echtes Verhältnis zu Gott anders denken als im Bekenntnis, dass die höchste eigene Tat nochmals seine Gnade ist? Erlösung durch den Sohn und eigenverantwortliche Tat widersprechen sich darum nicht!" Sein geschenktes Wort – unsere Tat, dies zusammen, das ist Gnade Gottes.*

So war es ja auch bei Saulus/Paulus auf dem Weg nach Damaskus. Sicher haben auch Sie Ähnliches oder Gleiches erlebt und kleiden es in eigene Worte.

Pater Anselm:

Über das Verhältnis der Gnade Gottes zur menschlichen Freiheit und zum menschlichen Handeln haben sich die Theologen vor allem im 16. und 17. Jahrhundert Gedanken gemacht – und heftig darüber gestritten. Karl Rahner meint, wir müssen immer an beiden Tatsachen festhalten, dass der Mensch in seinem Tun frei ist, dass er aber zugleich auf die Gnade Gottes angewiesen ist, die seine Freiheit begründet. Und Rahner meint, da Gott ein absolutes Geheimnis ist, ist auch die Beziehung des Menschen zu Gott ein Geheimnis. Der Mensch ist in seiner ganzen Existenz auf Gott verwiesen. Und in dieser Verwiesenheit auf das unumfassbare Geheimnis ist „in einem beides gegeben: die Eigenständigkeit und Herkünftigkeit von Gott" (SM II, 474). Wir müssen an diesen beiden Polen festhalten, ohne dass wir es genauer erklären können. Denn die Beziehung zwischen Gott und Mensch ist für Rahner ein „Urdatum, das kein Früheres mehr hat, aus dem es verständlich werden kann" (ebd.).

Das klingt vielleicht etwas abstrakt. Vielleicht genügt für den gesunden Menschenverstand, dass alles gute Tun immer aus der Gnade geschieht und nie nur unser Verdienst ist. Dennoch sind wir auch verantwortlich für unser Tun. Wir können uns der Gnade Gottes auch verweigern, dann könnte daraus ein böses Tun entstehen. Unsere Erfahrung ist ja: Wenn uns wirklich etwas gelungen ist, haben wir immer das Gefühl: Es war reine Gnade Gottes. Ich habe mich lediglich dieser Gnade gegenüber nicht verschlossen. Aber es ist eben nicht mein Verdienst, sondern von Gottes Gnade getragen.

Gesetz und Gewissen

Rosemarie Egger: *Für Luther, diesen außergewöhnlichen, einzigartigen Glaubensmenschen, muss es eine innere und eine äußere Kirche geben: eine für die Masse, der der Gesetzesgehorsam gepredigt werden muss, weil sie die Knute des Gesetzes brauchen, da sie noch nicht vom schlechten Gewissen geplagt werden. Und es muss eine Kirche geben für die wenigen, die am Reich der Gnade teilhaben, die „Innerlichen", welche die Freiheit eines Christenmenschen erfahren. Dazwischen gibt es noch die Unentschiedenen, die Hin- und Hergerissenen. – Lieber Bruder, schreiben Sie weiter, ich bin müde geworden …*

Pater Anselm:

Ich würde da nicht von einer inneren und äußeren Kirche sprechen, sondern zum einen von Menschen, die geistlich reif geworden sind und daher die Weisungen Gottes von innen heraus befolgen, zum andern von Menschen, denen man die Gebote Gottes predigen muss, weil sie von sich aus noch kein Gespür haben für das, was dem Willen Gottes entspricht. Die Kirche hat jahrhundertelang moralisiert. Wenn wir zurückschauen, erkennen wir zwei Seiten dieses Moralisierens. Auf der einen Seite hat es die Menschen dazu angehalten, ihr Leben nach den Geboten Gottes zu richten. Auf der anderen Seite hat es aber auch in vielen Menschen ein schlechtes Gewissen erzeugt.

Heute können wir uns nicht mehr vorstellen, dass die Kirche moralisiert. Wo das geschieht bzw. geschähe, würden wir uns wehren. Das liegt sicher auch an der Entwicklung der Gesellschaft und des Einzelnen. Früher war der Mensch mehr auf das Kollektiv bezogen. In unserer Zeit des Individualismus vertrauen wir darauf, dass der Einzelne erkennt, was für ihn stimmig ist. Allerdings braucht er dazu immer auch die Herausforderung von außen. Denn wir machen auch die Erfahrung, dass manche Individualismus mit Egoismus verwechseln. Der reife Mensch folgt seinem Gewissen. Der unreife braucht die äußeren Normen, nach denen er sich richtet. Der wirklich freie Mensch tut von sich aus das, was dem Gewissen und was dem Geist Jesu entspricht.

Rosemarie Egger: *Können Sie noch etwas mehr dazu sagen, was eigentlich die „Freiheit des Christenmenschen" ausmacht? Wie unterscheidet sich ein „freier" Christenmensch, wie erfährt er seine Freiheit? Wie würde er sie beschreiben?*

Pater Anselm:

Jesus selbst antwortet dem Petrus bei der Frage nach der Tempelsteuer: „Also sind die Söhne frei" (Mt 17,26). Die Freiheit gehört also wesentlich zum Christen. Das hat Paulus wie kein anderer betont: „Zur Freiheit hat uns Christus befreit" (Gal 5,1). Jesus versteht unter der Freiheit, dass kein König oder Kaiser Macht über uns hat; wir sind innerlich frei gegenüber den Erwartungen von außen. Paulus versteht die Freiheit so, dass wir frei sind von dem Zwang, uns selbst zu rechtfertigen, uns selbst gut darzustellen, uns selbst zu vervollkommnen. Freiheit bedeutet für Paulus, dass wir von Gott bedingungslos angenommen sind. So müssen wir unseren Wert vor Gott nicht beweisen, aber auch nicht vor den Menschen.

Lukas versteht diese Freiheit nochmals anders. Jesus sagt nach der Auferstehung: „Ich bin ich selbst – *Ego eimi autos*" (Lk 24,39). Das Wort *„autos"* ist für die stoische Philosophie das innere Heiligtum des Menschen, über das niemand verfügen kann. Wenn wir ganz wir selber sind, dann haben wir es nicht nötig, uns vor andern zu rechtfertigen, zu beweisen, darzustellen. Wir sind einfach wir selbst, dieser einmalige Mensch, als den uns Gott geschaffen hat. Das führt zur wahren Freiheit. Dann bin ich auch frei, mich auf Menschen einzulassen, ohne mich zu verbiegen.

Das Bewusstsein des wahren Selbst, das uns niemand streitig machen kann, führt zur wahren Freiheit. So ein freier Mensch urteilt nicht über andere. Er ist ganz bei sich und zugleich offen für die Menschen, ohne Vorurteile und Erwartungen an den andern.

Lichterfahrungen

Rosemarie Egger: *Je bewusster ein Mensch lebt, desto größer wird die Erkenntnis seiner Schattenseiten und Fehler. Er leidet an sich und an seiner Unerlöstheit, an der Tiefe des Abgrunds in sich selbst und dem seiner Mitmenschen. Wenngleich im Gegenzug die in ihm wachsende Freude in seltenen Augenblicken unerwartet Licht und Helligkeit von draußen und in ihm selbst bringt.*
Sind das die Gotteserfahrungen, von denen manche Heilige und Mönche sprechen? Oder Vorboten? Eine Vorahnung von Gottes Geist? – Ich bin sicher, Sie haben Ähnliches selbst auch schon erlebt ...

Pater Anselm:
C. G. Jung spricht davon, dass jeder immer zwei Pole in sich trägt: Liebe und Hass, Vertrauen und Angst, Mitgefühl und Härte, Glaube und Zweifel, Verstand und Gefühl. Immer wenn wir einen Pol verdrängen, gerät er in den Schatten.

Jeder Mensch hat Schattenseiten. Der Volksmund sagt: Wo viel Licht ist, ist auch viel Schatten. Sensible Musiker haben als Schattenseite manchmal eine gewisse Härte im Umgang mit anderen Musikern. Und es gibt einfühlsame Psychologen, die ihre Schattenseite in der Familie ausleben. Aber das muss nicht so sein. Unsere Aufgabe ist es, uns mit unseren Schattenseiten auszusöhnen, sodass sie sich nicht mehr destruktiv auswirken. Die Mönche sprechen von der Demut, von der *humilitas,* die bedeutet: Mut zu haben, die eigene Erdhaftigkeit anzunehmen, sich seine Schattenseiten einzugestehen.

Doch bei aller Erkenntnis der eigenen Schattenseiten dürfen wir immer wieder auch Augenblicke erfahren, in denen wir ganz im Einklang sind mit uns selbst. Solche Einheitserfahrungen sind oft auch Lichterfahrungen. Lichterfahrungen sind nicht immer Visionen, in denen uns auf einmal ein großes Licht erleuchtet. Oft sind es Erfahrungen von Stille, einer Stille, in der mir auf einmal alles klar wird. Ich schaue tiefer, in den Grund allen Seins. Obwohl ich mit dem Verstand vieles nicht verstehe, wird mir auf dem Grund meiner Seele auf einmal alles licht und klar. In diesem Augenblick der Stille bin ich eins mit mir, eins mit allen Menschen und mit der ganzen Schöpfung – und eins mit Gott. Und ich bin einverstanden mit meinem Leben. In diesem Augenblick steht die Zeit still. Ich bin einfach da, ich bin in Gott. Ich bin im Licht, ich bin in der Liebe, von Liebe umgeben und von Liebe durchdrungen.

Rosemarie Egger: *Im Zusammenhang mit unseren Schattenseiten kommt mir mein Lieblingssatz von Lu-*

ther in den Sinn: „Je länger wir uns waschen, je unreiner werden wir." Heute würden wir sagen: „Je bewusster wir leben, desto deutlicher erkennen wir unsere eigenen dunklen Seiten." – Wie würden Sie das sagen?

Pater Anselm:

Ich würde den Satz von Martin Luther so interpretieren: Je mehr wir unsere Fehler und Schwächen bekämpfen, desto stärker werden sie. Alles, was wir bekämpfen, erzeugt in uns eine Gegenkraft, mit der wir uns dann herumschlagen müssen. Daher gilt es, all das, was wir in uns für unrein halten, nicht selber zu waschen, vor allem nicht chemisch rein zu waschen, sondern es in Gottes Liebe zu halten. Dann wird Gottes Liebe all das Trübe in uns reinigen und klären.

Stichwort Vergebung

Rosemarie Egger: *Viele Menschen tun sich schwer zu vergeben, auch Christen. Aber geht Christsein ohne Vergebung? Personen, welche Schuld auf sich geladen haben, brauchen unser Erbarmen. Jesus bittet am Kreuz: „Verzeih ihnen, denn sie wissen nicht, was sie tun." Er sagte: „Wer ohne Sünde ist, werfe den ersten Stein auf sie." Und: „Warum siehst du den Splitter im Auge deines Bruders, und den Balken im eigenen Auge siehst du nicht?" Gerade jetzt neigen unter Druck gesetzte, sogenannte gute, reingewaschene Menschen dazu, ihre Mitmenschen zu verurteilen. Aber*

dürfen wir uns deshalb berechtigt fühlen, jemanden erbarmungslos zu verurteilen? Ihn endgültig abzuschreiben?[2]
Karl Rahner sagt: „Man kann das Leben mit Formeln der Wissenschaft meistern. Wenigstens auf weite Strecken mag das gelingen, und man greift glücklicherweise morgen noch ein gutes Stück weiter. Der Mensch selber aber gründet im Abgrund, den keine Formel mehr auslotet. Man kann den Mut haben, diesen Abgrund zu erfahren als das heilige Geheimnis der Existenz und der Liebe. Dann kann man es Gott nennen."
Was wissen wir schon, was Menschen, die vor Jahren zur Gewalt griffen, jetzt erleben, wenn ihnen ihre Abgründe plötzlich bewusst werden? Vielleicht erfahren auch sie, wie Rahner sagt, das heilige Geheimnis der Existenz und der Liebe! – Ich halte das durchaus für möglich. Vergebung ist das Höchste der Liebe, weil sie den Menschen verwandelt.

Pater Anselm:

Vergebung gehört wesentlich zu unserem Christsein. Täglich beten wir im Vaterunser: „Vergib uns unsere Schuld, wie auch wir vergeben unseren Schuldigern." – Es ist eine dreifache Vergebung, die die Grundlage unseres Christseins bildet.

Da ist einmal die *Vergebung, die wir von Gott erfahren*. Vergebung bedeutet, dass wir uns bedingungslos

2 Wichtig ist hier die Unterscheidung zwischen den Taten, ja Verbrechen, die zu verurteilen und zu ahnden sind (etwa wenn wehrlosen Menschen Gewalt angetan wird), und denjenigen, die sie begangen haben.

von Gott angenommen fühlen. Paul Tillich nennt diese Erfahrung der Vergebung: „Annahme des Unannehmbaren". Wir erleben uns oft als unannehmbar. Da ist die Erfahrung der Vergebung durch Gott die Bedingung, dass wir uns selbst annehmen können.

Wenn wir die Vergebung durch Gott erfahren haben, dann geht es auch darum, *sich selbst zu vergeben.* In vielen Gesprächen erlebe ich, dass sich Menschen oft schwerer damit tun, sich selbst zu vergeben, als andern zu vergeben. Warum ist das so? Wenn wir einen Fehler machen, wenn wir schuldig werden, kratzt das an unserem Selbstbild. Wir wollen doch gute Menschen sein! Jetzt erfahren wir, dass wir Schuld auf uns geladen haben. Oft ist es nicht wirkliche Schuld. Oft sind es einfach die Schuldgefühle, die uns vom eigenen Über-Ich aufgedrängt werden. Ich gebe den Menschen, die sich selbst nicht vergeben können, das Wort Jesu, das er am Kreuz den Mördern gegenüber gesprochen hat, zur Meditation, und zwar abgewandelt in: „Vater, vergib mir, denn ich wusste nicht, was ich tat." In der Tiefe war mir nicht bewusst, was ich getan habe.

Genauso wichtig ist, *den Menschen, die mich verletzt haben, zu vergeben*. Vergebung bedeutet, dass ich mich befreie aus der Macht derer, die mich verletzt haben. Vergeben heißt: weggeben. Ich lasse die Verletzung beim andern. Ich kreise nicht ständig darum. Wenn ich nicht vergeben kann, dann bin ich gebunden an den, der mich verletzt hat. Zur Vergebung gehört aber auch, dass ich die Menschen nicht verurteile, die andern gegenüber schuldig geworden sind. Statt zu bewerten, sollen wir verstehen. Wir wissen nie, was einen Menschen dazu getrieben hat, andere zu verletzen. Oft geben sie Verletzungen weiter, die sie selbst empfangen haben. Wir sollen nie einen Menschen verurteilen, doch das Verhalten dürfen wir bewerten. Augustinus drückt es so aus: Wir sollen die Sünde hassen und die Sünder lieben.

Rosemarie Egger: *Ich glaube, das Höchste ist die Vergebung, denn ohne Vergebung kann es keine Liebe geben. Doch wir tun uns, wie auch Sie gesagt haben, oft schwer, den Mitmenschen zu vergeben. Es hat wohl auch damit zu tun, dass Liebe und Vergebung mit dem Willen nicht machbar sind. Schließlich ist die Liebe eine reine Himmelsmacht, ein Gnadengeschenk für denjenigen, dem sie wie aus dem Nichts in den Schoß fällt, besser gesagt, ins Herz, ob er nun Sehnsucht danach hat oder nicht. Auch in Saulus, der mit dunklen Gedanken auf dem Weg nach Damaskus war, schlug Gottes herrlicher Blitz ein und warf ihn zu Boden. „Herr, was willst du, dass ich tun soll?"*

Pater Anselm:

Die Psychologen haben heute erkannt, dass Vergebung ein therapeutischer Akt ist. Sie ist wesentlich für unsere Gesundheit. Aber wir müssen die Vergebung auch psychologisch richtig verstehen. Für mich gibt es fünf Schritte der Vergebung.

1. Den *Schmerz zulassen* und nicht überspringen.

2. Die *Wut zulassen,* um Distanz zu dem zu gewinnen, der mich verletzt hat. Und ich muss die Wut in Ehrgeiz verwandeln: Ich kann selber leben. Ich lasse mein Leben nicht von dir bestimmen.

3. Objektiv *anschauen, was geschehen ist,* versuchen, zu verstehen, was abgelaufen ist.

4. *Vergeben als doppelter Akt der Befreiung*: Ich befreie mich von den negativen Emotionen, die durch die Verletzung in mir sind. Und ich befreie mich von der Macht dessen, der mich verletzt hat.

5. Die *Wunden in Perlen verwandeln.* Die Wunde hat mich aufgebrochen, dass ich bewusster und achtsam lebe, und sie hat mich fähig gemacht, andere besser zu verstehen und zu begleiten.

Natürlich ist Vergebung immer auch Gnade. Wir sollen Gott darum bitten, dass er uns die Liebe schenkt, die wir dringend brauchen, um vergeben zu können.

Wie wir andere Menschen sehen. Beispiel Benedikt XVI.

Rosemarie Egger: *Ich lese auf einem Kalenderblatt ein Wort von Papst Benedikt XVI.: „Sei es, dass wir gehen können oder an ein Bett der Schmerzen gefesselt sind,*

sei es, dass wir in der Freude wandeln oder uns in einer seelischen Wüste befinden (vgl. Num 21,5) – Herr, nimm uns alle in deine Liebe hinein, in die unendliche Liebe."
Ein schönes Wort: Papst Benedikt wünscht allen Menschen die unendliche Liebe Gottes!
Oft wird er, auch im Zusammenhang mit dem Thema Missbrauch, beschimpft und verurteilt. Wir wissen, dass auch unsere eigenen Gedanken, Worte und Taten nicht weiß wie Schnee sind. Doch manchmal scheint es, als bräuchten wir jemand, den wir „niedermachen" können, vielleicht auch, um unser eigenes angeschlagenes Selbstbewusstsein zu stärken.

Pater Anselm:

Papst Benedikt hat als Erzbischof von München im Umgang mit dem sexuellen Missbrauch in seiner Diözese sicher Fehler gemacht. Aber als Papst hat er sich konsequent diesem Thema gestellt. Doch dass er sich mit 94 Jahren nicht mehr an alles erinnert, kann man einem alten Mann durchaus nachsehen. Als er seinen Fehler erkannt und sich dafür entschuldigt hat, wurde jedoch diese Entschuldigung von der Öffentlichkeit nicht akzeptiert. Das zeigt eine Tendenz unserer Gesellschaft: Wenn jemand zum Sündenbock gestempelt worden ist, hat er keine Chance mehr, aus dieser Rolle herauszukommen. Er kann sagen, was er will, das wird nicht ernst genommen. Manfred Lütz, der für Papst Benedikt den ersten Missbrauchskongress in Rom organisiert hat, hat die Verdienste des Papstes für die Aufdeckung des Missbrauchs gewürdigt. Doch auch seine Argumente wurden nicht gehört. Wenn die Öffentlichkeit eine bestimmte Meinung hat, ist es schwer, eine andere Meinung zu äußern. Man will sie einfach nicht hören. Doch es ist gefährlich, wenn wir Menschen so abstempeln. Wir sollen verstehen, statt zu verurteilen. Wenn wir ständig andere verurteilen, lenken wir nur vom eigenen Versagen ab.

Daher der schon zitierte Rat der alten Mönche: Wenn du einen siehst, wie er einen Fehler macht, sage: „Ich habe den Fehler gemacht." Ja, das klingt unrealistisch. Aber die Mönche nehmen den, der einen Fehler macht, als Spiegel für sich selbst: Mir könnte das genauso passieren! Das ist eine barmherzige Haltung, die wir heute in der Öffentlichkeit bitter nötig haben.

Seher und Propheten

Rosemarie Egger: *Noch eine ganz andere Frage, die einen Grenzbereich von Glaube und Psychologie betrifft: Im Alten wie im Neuen Testament sind Seher/Propheten gut vertreten. Gibt es einen Unterschied zwischen Propheten, Hellsehern und Wahrsagern? Besonders Letztere werden oft belächelt, ja verworfen. Wie stehen Sie dazu?*

Pater Anselm:

Prophet ist von seinem Wesen her nicht einer, der die Zukunft voraussieht, sondern einer, der etwas von Gott ausdrückt, was nur durch ihn zum Ausdruck gebracht werden kann. In diesem Sinn sind wir alle in der Taufe zu Propheten und Prophetinnen gesalbt worden.

Propheten im Alten Testament waren immer auch Menschen, die tiefer gesehen haben, die die sozialen und politischen Zustände kritisiert haben, die den Selbstsicheren Unheil und den Armen und Unterdrückten Heil verheißen haben.

Es gibt sicher auch heute Menschen, die „hellsichtig“ sind. Man spricht von medialer Begabung. Psychologen meinen, dass ein bis zwei Prozent der Menschen diese mediale Begabung haben. Sie spüren oft mehr als wir Normalbürger. Sie sind oft sehr feinfühlig und sehr vorsichtig, ihre Erkenntnisse und Einsichten öffentlich zu verkünden. Die Wahrsager dagegen, die in der Öffentlichkeit auftreten, machen daraus eher ein Geschäft. Das widerspricht dem Wesen des Propheten, wie es die Bibel beschreibt. Der Prophet fühlt sich von Gott gedrängt, das Wort zu ergreifen – oft gegen seinen eigenen Willen, wie etwa der Prophet Jeremia. Es fällt ihm oft schwer. Aber im Gehorsam Gott gegenüber verkündet er dann, was Gott ihm aufgetragen hat, was er von Gott her als wichtig, als notwendig versteht.

Sterne

Rosemarie Egger: *Wie sehen Sie den Einfluss der Sterne auf unser Leben? Warum schreibt kein Theologe über die Sterne? Persönlich meine ich – wie viele andere auch –, dass die Sterne tatsächlich einen Einfluss auf unser Leben haben. Auch im Alten Testament, im Buch Daniel, wird von Sterndeutern gesprochen. Im 16. Jahrhundert schrieb der dänische Astronom Tycho Brahe: „Die Sterne lenken die Menschen, aber Gott lenkt die Sterne. Die Sterne gehorchen Gott, Gott jedoch hört auf die Gebete der Menschen."*

Pater Anselm:
Für Johannes Kepler war die Astrologie noch ein Teil der Astronomie. Ihr ging es vor allem um die Harmonie, die Gott dem ganzen Kosmos eingestiftet hat. Sowohl in Mesopotamien als auch in Ägypten und Griechenland gab es astrologische Forschungen. Man hat das Jahr in zwölf Tierkreise eingeteilt. Und man meinte, dass es Auswirkungen auf die Veranlagung eines Menschen habe, in welchem Tierkreis er geboren wird. In gewissem Sinn war Astrologie eine frühe Form der Psychologie. Natürlich haben sich die Natur- und Humanwissenschaften seither weiterentwickelt, auch was die Methodik betrifft.

C. G. Jung erklärt die Astrologie mit dem Begriff der Synchronizität: Es gibt eine Gleichzeitigkeit der

Ereignisse, z. B. des Sternenstandes mit einer Prägung des Menschen. Jung geht davon aus, dass die Synchronizität kausal nicht begründet werden kann. Es ist einfach ein Zusammenfallen von oben und unten.

In der antiken Astrologie ging es darum, den Makrokosmos und den Mikrokosmos (d. h. den Menschen) zusammen zu sehen. Das Ziel war, „im Menschen gemäß seinen Anlagen die kosmische Harmonie zu verwirklichen"[3]. Weil in der Spätantike die Astrologie fatalistisch verstanden wurde, hat die frühe Kirche die Astrologie abgelehnt. Wir sollen uns nicht zu Sklaven „der Elementarmächte" machen, von denen uns Christus befreit hat (vgl. Gal 4,3.10; Kol 2,8).

Thomas von Aquin sah die Astrologie positiver. Doch auch er betont die menschliche Freiheit, die durch die Sternzeichen nicht festgelegt ist. Daher nennt er zwei Voraussetzungen für den Umgang mit den Sternen: „1. Den Sternen sind Neigungen abzulesen, nicht Zwänge. 2. Der Weise steht über den Sternen; in seiner Selbstbeherrschung vermag er über die astrologisch berechenbaren Möglichkeiten hinauszuwachsen."[4]

3 Gerhard Voss, in: LThK I, 1111.
4 Ebd., 1112.

JESUS UND DIE VIELEN RELIGIONEN

Ein und derselbe Gott?

Rosemarie Egger: *Das Judentum spricht viel vom Gott der Gerechtigkeit, der Islam vom Gott der Barmherzigkeit und das Christentum vom Gott der Liebe.*
Sind das nun drei verschiedene Gottheiten, oder sind damit drei Wesenheiten eines einen und einzigen Gottes gemeint?

Pater Anselm:

Auch das Judentum spricht vom Gott der Barmherzigkeit und der Liebe. Alle drei genannten Eigenschaften gehören zu Gott. Das wird im Christentum und im Islam genauso gesehen. Es gibt nur einen Gott, keine drei verschiedenen Götter.

Die Religionen haben freilich verschiedene Bilder von Gott, sie betonen die Eigenschaften Gottes manchmal etwas anders. Aber alle ihre Bilder verweisen auf den einen und einzigen Gott. Begriffe, Worte und Bilder sind wie Fenster, durch die wir hinausschauen, um in der Ferne den unsichtbaren Gott zu erahnen.

Das Schicksal der Menschen verschiedenen Glaubens

Rosemarie Egger: *Wo kommen die Milliarden Anhänger anderer Religionen und die Religionslosen wohl hin? Wo sind die Seelen derer, die vor abertausend Jahren ohne Gott gelebt haben, und jene, die einen Naturgott anbeteten oder anbeten? Wo sind sie? Ich glaube, alle Menschen aller Zeiten sind in Gott vereint und werden vereint sein in Gottes Geist! – Und Sie, Bruder Anselm, wie denken Sie darüber?*

Pater Anselm:

Die katholische Kirche bekennt im Zweiten Vatikanischen Konzil, dass Jesus für alle Menschen gestorben ist und dass daher alle zum Heil gerufen sind. Viele, die nicht an Gott glauben, tragen dennoch eine Sehnsucht nach Gott in sich. Nur verbinden sie diese Sehnsucht nicht mit Gott, weil sie in sich den Gott ablehnen, der ihnen von anderen Menschen „beigebracht" worden ist. Im Tod, so dürfen wir vertrauen, werden alle Menschen, ganz gleich, welcher Religion sie angehören, ganz gleich, ob sie sich als Atheisten bezeichnet haben oder nicht, Gott begegnen – und zwar *der Liebe* Gottes. Und wir dürfen hoffen, dass sie sich dann in diese Liebe Gottes hineinfallen lassen. Aber die Begegnung mit Gott geht immer über die eigene Selbstbegegnung. Und angesichts der Liebe Gottes werden wir unserer eigenen Wahrheit begegnen, die sehr schmerzlich sein kann. Wir erkennen, wie wir an Gott und an unserer eigenen Wahrheit vorbei gelebt haben. Wer sich in die Liebe Gottes fallen lässt, der ist vereint mit Gott, der ist im Himmel, wie wir diesen Zustand der Vollendung in einem Bild benennen.

Wahrheit

Rosemarie Egger: *Die Wahrheit ist nur bei Gott zu Hause, sie kann von Menschen gleich welcher Religion nicht gefunden werden hier auf Erden. Sehen Sie das auch so, lieber Bruder?*

Pater Anselm:

Gott ist die Wahrheit. Alles, was wir hier auf Erden von Gott sagen und von Gott zu wissen meinen, sind nur Bilder, die auf die Wahrheit hinweisen. Aber kein Mensch kann von sich behaupten, dass er die Wahrheit besitzt. Wir bleiben unser Leben lang auf dem Weg zur Wahrheit. Im Tod wird uns die Wahrheit enthüllt und für immer aufleuchten.

Jesus und die Religionsstifter

Rosemarie Egger: *Jesus ist meines Erachtens nicht der einzige hervorragende, vollkommene Menschensohn Gottes. Buddha und Mohammed hatten durchaus ähnliche Erleuchtungserlebnisse. Diese Erkenntnis führt hoffentlich einmal zum Ende aller Religionskonflikte.*
Laotse sagt das Gleiche wie Jesus in der Bergpredigt: „Gut sein zu den Guten, gut sein zu den Nicht-Guten, denn das Gesetz verlangt Güte!"
Und was würde Gandhi sagen, er, den man tötete, weil er betend von sich behauptete: „Ich bin Christ, Muslim und Hindu"? Würde er nicht sagen: „Worüber streiten wir uns immer noch? Über die Wahrheit unseres Glaubens?! Sie liegt allein in der Menschlichkeit!"

Pater Anselm:

Gott hat sicher durch viele Menschen zu uns gesprochen, gerade auch durch die verschiedenen Religionsstifter. Dennoch dürfen wir mit Karl Rahner festhalten, dass Gott sich in Jesus auf einmalige und absolute Weise mitgeteilt hat. Rahner nennt Jesus die absolute Selbstmitteilung Gottes. Wir sollen die Religionen nicht miteinander vermischen. Aber wir dürfen in einem ehrlichen Dialog mit anderen Religionen viele Gemeinsamkeiten entdecken. Gott ist jenseits aller Bilder, die wir uns von Gott machen. Daher zielen alle Religionen auf den einen Gott jenseits aller

Worte und Bilder. Es geht nicht um ein Gegeneinander, sondern um ein Miteinander. Und das zeigt sich gerade im gemeinsamen Schaffen einer friedlichen und gerechten Welt.

Die Mystiker in allen Religionen kommen sich am nächsten, weil sie alle Worte und Bilder übersteigen und Erfahrungen des Einsseins mit Gott gemacht haben. Wenn wir die Einheit mit Gott erfahren dürfen, fühlen wir uns auch eins mit allen Menschen aller Religionen.

Sind nicht Jesus, Buddha, Laotse Brüder? Was macht Jesus einmalig?

Rosemarie Egger: *Ist nicht die einzige „Kirche", die Gott wirklich will, die der ganzen Menschheit, ohne Unterschied, ohne Herrschaftsanspruch, ohne lehramtliche Bevormundung? E i n e Menschheit, wie auch Gandhi sie erträumte, der meinte, dass es besser ist, Unrecht zu leiden, als Unrecht zu tun. Besser, selber zu leiden, als Leiden zu schaffen. Besser, getötet zu werden, als zu töten. Ist Gandhi nicht Jesu Bruder, ist er nicht auch ein Sohn Gottes? Noch einmal die Frage: Was hebt Jesus aus unserer christlichen Sicht von all den anderen Religionsgründern und „Söhnen und Töchtern Gottes" ab? Was, glauben wir, macht Jesus einmalig? Lieber Bruder Anselm, ich erwarte gespannt Ihre Antwort, ist es doch eine Lebensfrage von mir!*

Pater Anselm:

Die Evangelien bezeugen uns, dass Jesus seine Botschaft an alle Menschen in der ganzen Welt richtet. Diese Universalität des Heils wird schon in Texten beim Propheten Jesaja sichtbar. Gott liebt alle Menschen. Und Jesus ist für alle Menschen gestorben. Für das Alte Testament ist „Sohn Gottes" ein Beziehungsbegriff. Der König ist Sohn Gottes. Und in diesem Sinn sind wir alle Söhne und Töchter Gottes. Doch sowohl das Johannesevangelium als auch die Paulusbriefe sehen Jesus in einer einmaligen Beziehung zu Gott. In ihm ist das ewige Wort Gottes Fleisch geworden. Als die griechisch gebildeten Theologen die Aussagen der Bibel mit den Erkenntnissen der griechischen Philosophie zusammenbringen wollten, da war es für sie klar, dass die Beziehung auch ein Sein bedeutet: Jesus *ist* Sohn Gottes. Wie wir das verstehen sollen, darüber haben die Theologen seit jeher gestritten. Es bleibt immer ein Geheimnis. Der evangelische Theologe Paul Tillich bezeichnet Gott als „das, was uns unbedingt angeht". Wenn wir Jesus als Sohn Gottes bezeichnen, dann bekennen wir, dass er uns unbedingt angeht. Er ist nicht einfach ein Religionsgründer, bei dem wir sagen: „Das oder jenes ist ganz interessant. Aber da und dort war er Kind seiner Zeit. Da ist er einseitig." Wir bekennen als Christen, dass uns Jesus unbedingt angeht. Wir können nicht manches an ihm gutheißen und das andere nicht. Dann würden wir uns über ihn und über Gott stellen. Es geht darum, mit den Worten Jesu, auch mit seinen provozierenden Worten zu ringen, bis uns das Geheimnis Gottes aufgeht. Insofern unterscheidet sich Jesus durchaus von den anderen Religionsgründern. Durch ihn – so sagt Paulus – werden wir alle zu Söhnen und Töchtern Gottes. Aber wir sind es nicht in gleicher Weise wie Jesus. Was der Unterschied ist, darüber kann man streiten. Aber für mich ist wichtig: *Dogmatik ist die Kunst, das Geheimnis offenzuhalten.* Ich bin immer skeptisch, wenn jemand sagt: „Jesus war nichts anderes als wir, er war kein anderer als wir." Dann legen wir Jesus fest und nehmen das Geheimnis weg, das er immer ist und für uns bleibt. Wenn wir Jesus als Sohn Gottes bezeichnen, halten wir das Geheimnis Jesu offen. Wir verzichten darauf, ihn in unsere Begriffswelt hinein zu nivellieren und festzulegen. Wir sollen alle dogmatischen Formulierungen kritisch hinterfragen. Aber für mich geht es nie darum, eine dogmatische Aussage abzulehnen. Es kommt darauf an, sie so zu deuten, dass mein Verstand sie verstehen kann und dass zugleich das Geheimnis offenbleibt.

Rosemarie Egger: *Warum hat Jesus zu seinen Jüngern, die einfache Menschen waren, in Gleichnissen gesprochen, die sogar wir nach zweitausend Jahren noch ent-*

rätseln müssen? Und dann deutet sie auch noch jeder Theologe anders, nach seiner Vorliebe, sodass niemand sicher sagen kann, ob Jesus das wirklich so gemeint hat ...

Pater Anselm:

Jesus spricht zu uns in Gleichnissen, um uns herauszufordern, darüber nachzudenken, was das Geheimnis unseres Lebens und was das Geheimnis Gottes ist. Jesus fasziniert uns im Gleichnis durch seine Kunst, spannend zu erzählen. Und er provoziert uns. In vielen Gleichnissen gibt es einen Punkt, an dem wir uns ärgern. Aber genau da, wo wir uns ärgern, will uns Jesus sagen: Schau mal genau hin. Du ärgerst dich, weil du dich und weil du Gott falsch siehst. – Jesus will durch die Gleichnisse unsere Sichtweise verwandeln. Ich habe in Bibelgesprächen erlebt, wie die Leute heftig gestritten haben über ein Gleichnis. Sie haben sich aus ihrer Reserve locken lassen. Wenn Jesus nur einfach sagen würde: Vertraut auf Gott!, so würden wir alle bequem im Sessel sitzen bleiben und ihm zustimmen. Aber es würde nichts in uns bewegen. Wenn er uns aber provoziert mit dem Gleichnis von den Talenten, in dem der arme dritte Knecht, der nur ein Talent hat, so streng angefasst wird, dann werden wir wachgerüttelt, dann entdecken wir unsere Tendenz, unser Leben zu kontrollieren, bloß keinen Fehler zu machen. Dann entlarvt Jesus unseren Glauben als einen Versuch, auf der sicheren Seite zu sein. Er will uns ermutigen, unser Leben zu wagen, mit allen Risiken, die das Wagnis mit sich bringt. Glauben heißt nicht, sich bequem einrichten, sondern das Leben wagen im Vertrauen auf Gott, der mein Tun segnet.

Zwischenfrage: Was hat Jesus eigentlich wirklich selbst gesagt?

Rosemarie Egger: *Welche Worte im Neuen Testament hat Jesus eigentlich wirklich selber gesagt, und welche hat man ihm in den Mund gelegt?*

Pater Anselm:

Exegeten haben mithilfe der historisch-kritischen Methode versucht, Kriterien für die „ipsissima verba Jesu", für die ureigensten Worte Jesu aufzustellen und diese möglichst genau „herauszufiltern". Doch diese Versuche sind gescheitert. Wir kommen zu keinen eindeutigen Ergebnissen. Etwas anderes aber ist noch wichtiger: Wir dürfen vertrauen, dass die Deutung, die die Evangelisten den Worten Jesu gegeben haben, für uns heute verbindlich ist. Dabei sehen wir, dass die Evangelisten die Worte Jesu unterschiedlich deuten. Alle Deutungen haben für uns eine Bedeutung. Daher würde ich nie sagen: Man hat diese Worte Jesus in den Mund gelegt. Ich weiß nicht genau, ob Jesus dieses Wort so gesagt hat. Aber ich vertraue darauf, dass in diesem Wort Jesus mich mit seinem Geist, mit seiner Liebe und mit seiner Kraft berührt. Entscheidend ist, dass ich mich von den Worten Jesu verwandeln lasse. Dazu muss ich sie einfach in mich eindringen lassen. Solange ich streite, ob das Wort von Jesus ist oder nicht, stelle ich mich über Jesus und über die Evangelisten. Und ich weigere mich, mich von ihnen wirklich berühren zu lassen; mit meiner Theorie halte ich mir dann lieber die Worte Jesu vom Leib, anstatt mich von ihnen verwandeln zu lassen.

„Jesus" oder „Gott"?

Rosemarie Egger: *Wenn Sie, lieber Bruder, Andersgläubige erreichen wollen, würde es Ihnen schwerfallen, in Ihren Antworten das Wort „Jesus" durch „Gott" zu ersetzen?*

Pater Anselm:

Zu Menschen anderer Religionen spreche ich natürlich zuerst von Gott. Wir sind auf dem Weg zu dem einen Gott, jenseits aller Bilder. Aber ich würde auch von Jesus erzählen, der für mich von Gott so spricht, dass es der Weisheit meiner Seele entspricht. Und ich würde von diesem Jesus sprechen, der uns herausfordert, Gott mit neuen Augen anzuschauen. Daher würde ich das Wort „Jesus" nicht durch „Gott" ersetzen. Vielmehr würde ich Jesus als den aufzeigen, der uns von Gott auf neue Weise erzählt hat. Dann würden die Vertreter anderer Religionen von ihren Religionsgründern sprechen, wie diese Gott gesehen haben. Dann öffnet uns das Gespräch für das Geheimnis des Gottes jenseits aller Worte und Bilder.

Wenn Jesus heute käme

Rosemarie Egger: *Es gibt im Evangelium eine Stelle (Joh 6), wo Jesus seinen Jüngern sagt, dass sein Fleisch und sein Blut zur Speise für die Menschen werden. Und wer dies glaube, werde gerettet sein. – Dann heißt es weiter: In diesem Augenblick wandten sich die Menschen ab, die ihm zuvor in Scharen gefolgt waren. Und Jesus wendet sich fragend zu seinen Aposteln: „Wollt auch ihr gehen?"*
Wenn Jesus als Wanderprediger in der Schweiz oder in Österreich oder in Deutschland, in der epochalen historischen Veränderung, die wir gerade erleben, diese Worte verkünden würde, wer liefe da nicht davon? Irgendein Pilatus brächte ihn vielleicht in eine psychiatrische Klinik, wo man allerdings bald merken würde, wie außergewöhnlich weise er ist und welch edlen Charakter er hat. Aber wer könnte seiner Botschaft glauben, wenn er heute käme und wir von seinem Leben und Wirken vor 2000 Jahren nichts wüssten? Könnte durch Jesus h e u t e *eine Weltreligion entstehen?*

Pater Anselm:

Ob durch Jesus heute eine Weltreligion entstehen könnte, ist für mich spekulativ. Und ich glaube, es lohnt sich nicht, darüber nachzudenken. Denn was wäre denn eine Weltreligion? Was mich mehr interessiert, ist die Frage, wie Jesus heute zu den Menschen sprechen würde. Natürlich bin ich überzeugt, dass Jesus sich zu allen Menschen gesandt fühlt und daher zu allen Menschen sprechen würde. Aber Jesus ist kein Religionsgründer. Er hat vor allem kein Interesse, eine Organisation zu gründen. Jesus würde heute sicher in anderen Bildern zu den Menschen sprechen als damals. Damals waren diese Bilder für die Menschen allgemein verständlich, auch wenn sie oft provozierend und gerade für die Ohren religiös festgelegter Menschen dann doch unverständlich waren.

Ich glaube, Jesus würde durch seine Ausstrahlung einer bedingungslosen Liebe und Güte die Menschen berühren. Er würde Worte sprechen, die *die Herzen* berühren, bei denen sich die Menschen verstanden fühlen.

Allerdings würde Jesus auch heute erleben, dass viele ihn ablehnen. Denn nicht alle hören in sich hinein, nicht alle vertrauen der Weisheit ihrer Seele. Jesus würde so sprechen, dass er die Menschen in Berührung bringt mit der Weisheit ihrer Seele. Doch viele leben an der Oberfläche. Sie wollen sich nicht in die eigene Tiefe, in den eigenen Seelengrund führen lassen. Sie leben lieber an der Oberfläche. Aber Jesus würde keinen von sich aus ablehnen. Er würde sich allen Menschen zuwenden, so wie damals den Pharisäern und den Sündern.

Es würde aber auch heute eine Entscheidung kosten, sich auf die Worte Jesu einzulassen. Denn sie richten nicht nur auf, sie fordern uns auch heraus. Doch es sind Worte, die nicht Angst machen, sondern die in die Freiheit führen, in die Liebe, in die Milde. Freilich wollen viele – so war es schon bei den Israeliten beim Auszug aus Ägypten – nicht den Weg in die Freiheit gehen, weil er durchaus mühsam sein kann. Er kann eben auch durch die Wüste der eigenen Wahrheit führen. Und viele wollen der eigenen Wahrheit lieber nicht begegnen, sondern sie begnügen sich mit dem Schein. Schon die griechischen Philosophen sagten, dass viele Menschen in einem Schlafzustand dahinleben. Sie verschließen die Augen vor der Wirklichkeit. Das ist heute genauso. Viele folgen lieber irgendwelchen Illusionen über sich und über die Welt, als dass sie den Mut fänden, der Wahrheit ins Gesicht zu sehen.

BEDRÄNGENDE FRAGEN

Die Liebe Gottes und das Leid der Menschen

Rosemarie Egger: *Der liebe Gott komme zu den Menschen ohne Ansehen der Leistungen und Erfolge, heißt es immer wieder. Wie aber sieht diese Liebe Gottes bei Menschen aus, die viel entbehren müssen (es ist der Großteil der Menschheit!), bei Menschen, die ihr Leben lang leiden, oft so sehr, dass man kaum von „Leben" sprechen kann: Sie vegetieren dahin! Ihre tägliche Not ist ihr tägliches Brot. Gandhi sagte: „Wenn ich sie nach Gott frage, antworten sie: Brot und reines Wasser sind unser Gott." Ich habe selbst solche Menschen in Indien gesehen. Ich kann sie nicht vergessen.*
Wie sieht die Liebe Gottes zu diesen Menschen aus?
Wie, lieber Bruder, wie?
Nachdem die Zahl der Hungernden viele Jahre lang sank, steigt sie seit einiger Zeit wieder. In Afghanistan beispielsweise leiden mehr als 23 Millionen Menschen (und damit mehr als die Hälfte der Bevölkerung) unter akutem Hunger. Auch in Syrien und im Jemen bleibt die Ernährungslage weiterhin katastrophal. In Ostafrika haben laut dem Welternährungsprogramm der UNO mehr als 80 Millionen Menschen nicht genug zu essen, weltweit ist etwa jeder zehnte Mensch, über zwei Milliarden

leiden unter Mangelernährung. Jahr für Jahr sterben Millionen Kinder. Was würde ein Hungernder zu einem Satz wie dem von Hölderlin sagen: „Wer auf sein Leid tritt, tritt höher." Ist das nicht zynisch? Wie soll einem Menschen in akuter Not dieses Höher-Treten bewusst werden? Und wo ist Gottes Liebe bei all diesen Menschen?

Pater Anselm:

Wir können dem Hungernden und Notleidenden nicht sagen: Gott liebt dich. Das würde ihn eher verletzen. Wir können nur solidarisch mit ihm sein und dann gemeinsam mit ihm fragen, wie er mit seinem Hunger, mit seinem Leid, mit seinem Schmerz umgehen und möglichst davon befreit werden kann. Dabei kann es durchaus eine Hilfe sein, mit ihm auf die Liebe Gottes zu schauen, die ihn auch in seiner Not umgibt. Und dann wäre es gut, sich mit seiner Not Gott hinzuhalten und zu vertrauen, dass er mit seiner Not nicht allein ist. Der Blick auf Jesus kann hier helfen, der in unsere, in meine Not hineingegangen ist. Gott löst nicht alle Not auf, aber er ist bei mir und mit mir in meiner Not. Das ist die tröstliche Botschaft Jesu. Das hat Dietrich Bonhoeffer im Gefängnis erfahren. Gott nimmt seine Not, seine Ohnmacht nicht weg. Aber Gott geht in seine Not hinein. Das war ihm Hilfe und Trost.

Rosemarie Egger: *Aber was soll man einem Menschen sagen, dem Gott nicht geholfen hat?! Einer gläubigen Christin, die zwei Jahre lang tagtäglich für ihren kranken achtjährigen Sohn gebetet hat, der dann in ihren Armen starb? Können Sie, lieber Bruder Anselm, dieser Frau den Satz aus Matthäus 21,22 erklären: „Und alles, was immer ihr im Gebet glaubend erbittet, werdet ihr empfangen"?*

Pater Anselm:

Ich erlebe viele Menschen, die für die krebskranke Mutter beten, damit sie noch lange Mutter für die kleinen Kinder sein kann, oder Eltern, die für ihre kranken Kinder beten – und diese sterben trotzdem. Das ist eine große Herausforderung für den Glauben. Aber wir können Gott durch unser Gebet nicht zu etwas zwingen. Wir bitten Gott um Heilung, aber jedes Gebet endet auch mit der Bitte: „Dein Wille geschehe!" Die zuversichtlichen Worte Jesu, dass der, der bittet, auch empfängt, dürfen wir nicht so auslegen, dass wir immer das empfangen, worum wir bitten und was wir wollen. Aber wir werden im Gebet immer etwas empfangen. Solange ich bete, habe ich Hoffnung. Wenn die Hoffnung auf die Heilung nicht erfüllt wird, so bleibt doch die Hoffnung, dass Gott mich stärkt, mit dieser Not, ja mit dem Tod umzugehen. Ich halte immer wieder Kurse für verwaiste Eltern, die ein Kind verloren haben. Da darf ich keine frommen

Worte sagen, sondern muss erst einmal das Leid und die Sinnlosigkeit dieses Leids aushalten. Doch dann kann ich mit den Trauernden fragen: Was kann uns helfen in der Trauer? Und da ist der Glaube eine Hilfe, dass wir nicht in unserer Trauer versinken, sondern in Gott einen Grund finden, der uns Halt gibt und der uns die Augen öffnet, dass wir eine neue Beziehung zum Verstorbenen aufnehmen und darauf vertrauen, dass die Liebe stärker ist als der Tod.

Rosemarie Egger: *Ich glaube, Gott h ö r t die Gebete, aber er e r h ö r t uns nicht. Aber das Gebet stärkt die Beziehung zwischen Gott und Mensch. Oder?*

Pater Anselm:

Jesus verheißt uns: „Wer bittet, der empfängt, wer sucht, der findet, und wer anklopft, dem wird geöffnet" (Lk 11,10). Doch die Erfahrung, die wir mit unserem Beten machen, scheint wie gesagt diesen Worten Jesu oft zu widersprechen.

Wenn wir aber genauer hinschauen, dann meint Jesus nicht, dass wir *genau das* empfangen, worum wir bitten, und *genau das* finden, wonach wir suchen. Uns wird im Gebet eine Tür geöffnet. Und wir empfangen etwas. Wir empfangen Zuversicht mitten in unserem Leid, wir finden einen Schlüssel, wie wir umgehen mit dem, was uns gerade bedrängt. Insofern kann man sagen: Gott hört mein Gebet. Mein Beten ist nie umsonst. Aber Gott erhört nicht unbedingt meine Bitten. Er gibt mir nicht immer das, worum ich bete. Daher steht wie gesagt am Ende jedes Gebetes: „Dein Wille geschehe!" Das Gebet gibt mir das Vertrauen, dass das, was geschieht, mir letztlich zum Heile dient, auch wenn mir Gott meine Krankheit nicht wegnimmt, auch wenn er mich nicht vor dem Tod errettet. Aber dann werde ich in meiner Krankheit von Gottes heilender Gegenwart getragen, und im Tod werde ich in seine väterlichen und mütterlichen Arme fallen, so wie Jesus uns das in seinem Sterben gezeigt hat, als er betend stirbt: „Vater, in deine Hände lege ich meinen Geist" (Lk 23,46).

Warum diese Überbetonung des Kreuzes?

Rosemarie Egger:

Es wundert mich, dass Menschen zwei Jahrtausende hindurch mit dem Kruzifix unbefragt, ohne innere Rebellion, lebten. Das Kreuz alleine ist ein schönes Zeichen, aber mit dem gemarterten, zerschundenen, angenagelten Menschen darauf ist es fast nicht auszuhalten. Und doch hing Er in jeder frommen Stube – und in so mancher immer noch.

Warum haben Christen so viel Bedeutung auf das grausame Sterben Jesu gelegt, weshalb nicht auf die Auferstehung? Ich weiß von einem Kloster, dass dort immer noch täglich um 15 Uhr, zur Sterbezeit Jesu, eine Andacht gehalten wird, obwohl sein Tod doch nur ein „Vorübergehen" war. Die Auferstehung, die Mensch-Gott-Verschmelzung, ist der Höhepunkt des Geschehens: Da sind Vater und Sohn eins geworden. Wie sehen Sie das, Bruder Anselm?

Pater Anselm:

Das Kreuz war in den ersten Jahrhunderten für die Christen ein Siegeszeichen. Man hat bis ins 6. Jahrhundert das Kreuz ohne Corpus dargestellt, ab dem 6. Jahrhundert dann Christus in einer Tunika als den Sieger über den Tod. Erst in der Romanik, Gotik und im Barock hat man dann den leidenden Jesus am Kreuz dargestellt. Das ist durchaus legitim. Denn dieses Bild des gekreuzigten Jesus gibt vor allem den Leidenden Hoffnung. Sie können in diesem Jesus ein Bild für das eigene Leiden sehen und die Hoffnung haben, dass auch ihr Leiden in der Auferstehung Jesu verwandelt wird. So hat es Matthias Grünewald gesehen, als er den Kranken im Antoniterkloster den Isenheimer Altar gemalt hat. Doch er hat eben nicht nur Jesus am Kreuz gemalt, sondern auch die Weihnachtsszene und die Auferstehung Jesu. Das Kreuz war im Mittelalter ein Bild unter vielen anderen Motiven, etwa der Geburt, der Taufe, der Verklärung und der Auferstehung Jesu. In der Reformationszeit blieb nach dem Bildersturm nur noch das Kreuz als einziges Bild übrig. Das ist sicher einseitig.

Karl Rahner hat eine schöne Meditation über Jesus am Kreuz geschrieben. Für ihn ist das ein Bild des wahren Menschen. Denn es gehört zu unserem Wesen, zwischen Himmel und Erde zu hängen, festgenagelt zu sein. Doch wir können das Kreuz nur dann andächtig betrachten, wenn wir es im Zusammenhang mit der Auferstehung sehen. Dann ist es ein Hoffnungszeichen, dass alles Leid verwandelt wird, dass alle Aussichtslosigkeit in der Auferstehung aufgehoben wird und neues Leben in uns aufblüht.

Nicht nur im Leid

Rosemarie Egger: *„Der Mensch muss leiden, damit Gott wirken kann", schrieb der französische Dichter René Char (1907–1988). Ja, das stimmt, aber nicht nur. Am sehr frühen Morgen, wenn die Dämonen noch schlummern und vorm Fenster am Kirschbaum ein unsichtbares Vögelchen jubiliert, kommt manches Mal diese lautere Freude, die Gottesfreude. Dann ist sie in mir und erhellt mein ganzes Dasein minuten-, auch stundenlang. Das ist Gotteslob! Nie können wir es besser erwidern als in solchen Zeiten, die wir leider nie festhalten können.*

Pater Anselm:

Wir können uns das Leiden nicht aussuchen, geschweige denn sollen wir es suchen. Das wäre masochistisch. Aber wenn das Leiden uns trifft, dann ist es eine Herausforderung, uns Gott gegenüber zu öffnen. Und dann kann Gott in uns wirken.

Wir dürfen dankbar sein für die Erfahrungen, in denen wir spontan eine tiefe Freude erfahren, in denen wir Gottes liebende Gegenwart spüren. Der Beginn der Gotteserfahrung ist die Schönheit der Schöpfung. Gott hat die Schöpfung gut gemacht. Wenn wir uns daran freuen, erfahren wir Gott, wirkt Gott an uns. Aber das ist das Geheimnis unseres Glaubens, dass wir nicht aus der Beziehung zu Gott fallen, wenn uns Leiden trifft. Wir bewerten dann das Leiden nicht, als ob wir selber schuld wären, sondern wir nehmen es an und lassen uns davon aufbrechen für Gott.

Die Not mit der Kirche

Rosemarie Egger: *Die Kirche bewährt sich nicht (mehr). Und doch behauptet sie sich. Wie kann das sein?*

Pater Anselm:

Die Kirche leidet an der Sündhaftigkeit ihrer Glieder, die vor der Welt oft kein gutes Beispiel geben. Doch für die Kirche gilt die Verheißung Jesu:

„Die Mächte der Unterwelt werden sie nicht überwältigen“ (Mt 16,18). In der Kirche ist trotz aller Sündhaftigkeit ihrer Glieder Christus selber anwesend. Und er weckt in den Christen immer wieder den Heiligen Geist, der die Kirche erneuert. Zu allen Zeiten gab es dunkle Phasen der Kirche. Aber immer haben auch einzelne Christen – die Heiligen – der Kirche ein spirituelles und ein menschenfreundliches Antlitz geschenkt. So dürfen wir vertrauen, dass die Kirche durch den Heiligen Geist weiterhin geführt wird und trotz aller Krisen nicht untergehen wird. Sie wird ähnlich wie das Volk Israel zur dauernden Mahnung an die ganze Menschheit, umzukehren, umzudenken und sich vom Geist Gottes führen zu lassen. Und ähnlich wie das Volk Israel immer wieder umkehren musste, ist es auch bei Kirche: Der Auftrag, umzukehren und umzudenken, richtet sich zuallererst immer wieder nach innen, an die Kirche, an uns selbst.

Zeit für eine Erneuerung des Denkens

Rosemarie Egger: *Lieber Bruder, was nötige Veränderungen betrifft, scheint mir, dass vor allem die katholische Kirche aus dem fruchtlos gewordenen Einheitsdenken endlich herauskommen muss. Ein Denken, das in den Notzustand geraten ist. Jedoch scheint niemand da zu sein, der den Schein der „Frommen“, der ängstlichen*

Mitläufer, der Gewohnheitsfanatiker wirklich zerbricht. Wenn Paulus schreibt: „Gleicht euch nicht dieser Welt an, sondern lasst euch verwandeln durch die Erneuerung des Denkens" (Röm 12,2), so meint er doch eine innere Erneuerung. „Pflügt euch Neuland und sät nicht unter die Dornen" (Jer 4,3), sagt der Prophet. Aber die Kirche als Ganze ist noch immer nur zaghaft geneigt, eine Erneuerung des Denkens zuzulassen. Eine Erneuerung, die sich nicht an den Buchstaben des Gesetzes klammert, sondern, wie schon Augustinus sagte, aus der Verinnerlichung der Botschaft Jesu erwächst. Zumal wir „längst wissen, dass in den Erzählungen der Bibel sich die Kultur und die Meinungen früherer Jahrhunderte stark auswirkten, welche kaum Gottes Wort sein können. Dazu gehören neben vielen anderen Themen auch Aussagen zur Homosexualität, die nicht mehr unserem heutigen Wissen und Rechtsempfinden entsprechen", wie es der Schweizer Jürgen Wiegand ausdrückte. Oder wie sehen Sie das?

Pater Anselm:

Viele christliche Kirchen stehen heute vor der Gefahr der Spaltung wegen verschiedener heftig umstrittener Themen. Über vieles wird derzeit intensiv gerungen. Dazu gehört auch das Thema Homosexualität, unter dessen Tabuisierung viele Menschen sehr gelitten haben und bis heute leiden. Das darf nicht länger sein.

Etwas anderes ist, *wie* wir solche Fragen angehen. Wir können ja nicht einfach bei einem Thema direkt ansetzen, als wäre es *die* zentrale Frage. Diesen Eindruck könnte man manchmal haben. Daher ist es wichtig, sich immer wieder neu zu fragen: Was ist die Botschaft, die Jesus uns – auch heute – bringt? Was will er den Menschen vermitteln? Dabei sollten wir das Wesentliche seiner Botschaft herausarbeiten. Und die wichtigste Botschaft ist, dass Gottes Reich uns in ihm nahegekommen ist. Jesus hat uns durch seinen Tod am Kreuz auf eine neue Ebene des Bewusstseins gehoben, auf eine Ebene, die nicht mehr von Hass und Gegenhass, von Gewalt und Gegengewalt geprägt ist, sondern von einer Liebe, die selbst den Hass, der am Kreuz sich ausgetobt hat, entmachtet und verwandelt. Ethische Themen wie die Homosexualität und ihre Bewertung stehen als solche nicht im Zentrum, sind nicht die zentralen Themen der Bibel. Von der katholischen Dogmatik gilt, dass die Dogmen Bilder sind für das Geheimnis unserer Erlösung. In der theologischen Sprache ausgedrückt: Es gibt nur soteriologische Dogmen, also Dogmen, die etwas vom Wirken Gottes in Jesus Christus an uns aussagen. Es gibt keine ethischen Dogmen. Ethische Grundsätze wandeln sich. Entscheidend ist, dass uns Gott durch seine Menschwerdung in Jesus Christus mit dem Geist Jesu erfüllt und uns dadurch zu neuen Menschen macht. Nun gilt es, als neue Menschen zu leben. Das Leben des neuen Menschen soll – so betont Paulus immer wieder – auch ethischen Maßstäben entsprechen. Was das konkret bedeutet, das ist immer wieder neu zu verstehen. Der entscheidende Maßstab für unser Denken und Leben ist dabei immer die Liebe und Ehrfurcht vor dem Menschen, vor *jedem* Menschen.

OHNE GEISTLICHES ZIEL …

Rosemarie Egger: *Wenn wir kein geistliches Ziel vor Augen haben, stehen wir trotz aller technischer Fortschritte bald auf dem Abstellgleis. Sehen Sie das auch so?*

Pater Anselm:
Der technische Fortschritt hat uns vieles im Leben erleichtert. Aber wir spüren, dass er unserem Leben keinen Sinn zu stiften vermag. Und wir haben durch die Pandemie, durch den Klimawandel und durch den Krieg in der Ukraine wieder neu erkannt, dass die Welt sich nicht beherrschen lässt. Wir brauchen ein spirituelles Ziel für unser Leben, damit unser Leben einen Sinn bekommt. Und ohne Sinn lässt es sich nicht gut leben, da ist man letztlich ohne Motivation und wird versuchen, seine innere Leere mit immer mehr Konsum zu stopfen. Doch das ist kein Leben, das unserer Würde entspricht.

Materielle und spirituelle Armut

Rosemarie Egger: *„Wohlstand entzaubert die Welt", lese ich in der Neuen Zürcher Zeitung. Und Armut? Was tut die Armut?*

„Glückselig sind die geistlich Armen, denn ihrer ist das Himmelreich" (Mt 5,3), heißt es in der Bergpredigt. Wie ist das zu verstehen?

Pater Anselm:

Die finanzielle, die materielle Armut hat keine positive Wirkung auf die Welt. Diese Armut sollte überwunden werden. Und als Christen sollten wir solidarisch sein mit den Armen und versuchen, ihre Armut zu lindern.

Entscheidend ist, mit welcher Haltung wir auf unsere Armut reagieren. Wenn wir sie als innere Armut annehmen und uns – so wie es von den Armen Israels heißt – ganz und gar auf Gott angewiesen fühlen und uns daher mit unserer Sehnsucht auf Gott ausrichten, dann wird die Armut die Welt bereichern. Dann werden gerade Arme der Welt ein menschlicheres Antlitz verleihen.

Wenn Jesus die Armen seligpreist, dann meint er nicht die, die nichts haben, sondern die, die innerlich frei sind von den Dingen. Daher spricht er von denen, die arm sind im Geist, in ihrer Gesinnung. Es ist die Haltung, die die Buddhisten „Nicht-Anhaften" nennen. Ich definiere mich nicht über die Dinge. Zu dieser Freiheit gehört dann auch, meinen Besitz mit andern zu teilen, statt mich von andern abzugrenzen. Meister Eckhart hat diese Armut spirituell gedeutet: Sie bedeutet:

1. *Nichts haben*, das heißt Gott nicht besitzen, sondern Gott Gott sein lassen.

2. *Nichts wollen*. Ich will nichts von Gott. Meister Eckhart meint, manche sehen Gott wie eine Kuh. Sie wollen die Milch, sie wollen Güter von Gott. Aber es geht darum, sich für Gott zu öffnen, ohne etwas zu wollen.

3. *Nichts wissen*. Es gehört zur geistlichen Armut, sich einzugestehen, dass wir von Gott letztlich nichts wissen. Gott ist immer anders als das, was wir von ihm sagen. Die negative Theologie sagt: Wir können von Gott nur sagen, was er nicht ist.

Das „überwesentliche" Brot

Rosemarie Egger: *In der Vaterunser-Bitte ums tägliche Brot heißt es im Griechischen: „ton arton epiousion – das überwesentliche Brot". Johann Wolfgang von Goethe sagte: „Womit der Mensch sich nährt, das wächst in ihm, das ist ein ewiges Naturgesetz." Die Brot-Bitte bezieht sich auf die geistig-geistliche Nahrung, oder? Das Vaterunser enthält ja auch sonst keinen Satz, der auf die Materie gerichtet ist, also wird wohl nicht das irdische Brot gemeint sein. Wenn wir ums „tägliche Brot" bitten, ist damit das geistlich-geistige Brot gemeint, oder wie sehen Sie das, lieber Bruder Anselm?*

Pater Anselm:

Die Exegeten haben gerätselt, wie das Wort *epiousios* zu übersetzen ist. Manche übersetzen es mit „überwesentliches Brot". Dann ist damit ein geistiges Brot gemeint. Und man bezieht das „überwesentliche Brot" auf die Eucharistie: Christus ist das Brot, das unseren Geist und unsere Seele nährt. So kann man das Wort sicher deuten. Doch heute sind die meisten Exegeten der Ansicht, dass die wahrscheinlichste Übersetzung lautet: „Unser Brot für morgen gib uns heute." Der Schweizer Exeget Ulrich Luz meint: Die Bitte „gehört in eine Situation sozialer Bedrängnis, in der die Nahrung für den folgenden Tag nicht einfach selbstverständlich vorhanden ist". Meinrad Limbeck plädiert dafür, *epiousios* zu übersetzen mit „zum Dasein nötig, das Notwendige". Dann würde die Bitte heißen: „Unser notwendiges Brot gib uns heute." Die Kirchenväter bedenken sowohl das „heute" als auch das „für morgen". So heißt es bei Gregor von Nyssa: „Dadurch, dass der Herr ‚für heute' bitten heißt, verbietet er die Sorge für morgen; gleichsam als ob er dir sagte: Der den Tag dir gibt, der gibt dir auch das, was zu dem Tage gehört."

Die Worte der Bibel sind immer offen. So können wir sie einmal in der Situation der Armen Israels verstehen. Dann ist es wirklich die Bitte um das tägliche Brot. Aber zugleich ist dann damit gemeint, dass man nicht in falscher Weise vorsorgen soll, sondern Gott vertrauen soll, dass er für uns sorgt.

Das Wort ist aber auch offen für den geistlichen Sinn, für das „überwesentliche Brot", für das Brot, das uns Jesus in der Eucharistie reicht, indem er uns sein Wort zuspricht, das uns nährt, und indem er sich selbst uns gibt. Jesus Christus ist die eigentliche Nahrung, die uns auf unserem Weg durch die Wüste nährt. So hat Johannes es gedeutet. Jesus sagt in der sogenannten Brotrede: „Ich bin das Brot des Lebens; wer zu mir kommt, wird nie mehr hungern, und wer an mich glaubt, wird nie mehr Durst haben" (Joh 6,35).

Die Kirchenväter verbinden beide Deutungen. So sagt Cyprian von Karthago († 258): „Diese Bitte kann sowohl geistig als auch wörtlich verstanden werden. Beide Auslegungen bergen einen göttlichen Nutzen und dienen zum Heil ... Dass uns Christus, das Brot des Lebens, täglich zuteilwerde, darum bitten wir, damit wir, die wir in Christus sind und seine Eucharistie täglich empfangen, vom Leib Christi nicht getrennt werden."

Und für Augustinus ist auch das Wort, das wir täglich hören, Brot, das uns nährt. „Davon lebt unser Geist, nicht der Bauch."

Diese spirituelle Deutung der Vaterunser-Bitte sollen wir aber nicht gegen die irdische ausspielen. Vielmehr brauchen wir immer beides: das Brot, das wir zum Lebensunterhalt nötig haben, und das geistige Brot des Wortes und der Eucharistie, das unseren Geist nährt und uns mit dem Leib des Herrn vereint, „damit wir das werden, was wir empfangen", wie Augustinus sagt.

LIEBE: EIN GROSSES WORT

Können Sie Gott lieben?

Rosemarie Egger: *Bruder Anselm, sagen Sie, können S i e Gott lieben? Ich kann es nicht.*

Pater Anselm:

Ich würde nicht sagen: Ich liebe Gott. Das ist für mich ein zu großes Wort. Aber ich kann sagen: Ich sehne mich nach Gott, ich sehne mich danach, Gott zu lieben, Gott als den zu sehen, um den mein Denken kreist, der mich nicht loslässt, der aber immer das unbegreifliche Geheimnis bleibt. Und ich sehne mich danach, dass Gott, der ja selbst Liebe ist, mich mit seiner Liebe immer mehr durchdringt und verwandelt, sodass auch von mir Liebe ausströmt zu allem, was ist, zu jedem Menschen und zu Gott, dem Grund allen Seins.

Gottesliebe

Rosemarie Egger: *Wir müssen die natürliche Liebe und die Gottesliebe auseinanderhalten. Die göttliche Liebe ist übernatürlich. – Das ist die Tragik, die dem Wort Lie-*

be innewohnt: Priester, Pfarrer und Theologen predigen unermüdlich von der Liebe (Gewohnheitsrede!), ohne zu differenzieren. Dann aber wird „Liebe" zu einer Richtschnur, die im Leben alsbald und immer wieder zu zerreißen droht. Und die uns auch überfordert.

Pater Anselm:

Wir haben in der Kirche oft moralisierend von der Liebe gepredigt: Wir sollen den Nächsten lieben, wir sollen Gott lieben. Und wir haben uns dabei oft überfordert gefühlt.

Doch was heißt: Gott lieben, den wir nicht sehen? Die Bibel geht nicht in erster Linie von der Forderung aus, dass wir lieben sollen, sondern von der Liebe, die Gott ist: „Gott ist Liebe. Und wer in der Liebe bleibt, der bleibt in Gott und Gott bleibt in ihm", sagt der 1. Johannesbrief (4,16).

Die Liebe ist eine Wirklichkeit, sie ist eine Kraft, eine Macht, die alles durchdringt. Und diese Liebe ist auch auf dem Grund unserer Seele. Wenn wir durch alle Emotionen hindurch in den Grund unserer Seele gelangen, dann stoßen wir da auf diese göttliche Liebe. Es geht darum, dass wir aus dieser Liebe schöpfen, dass diese Liebe dann durch uns strömt zu den Menschen, zur Schöpfung und zu dem Geheimnis, das wir Gott nennen. Es geht dann nicht nur darum, dass wir lieben und geliebt werden, sondern dass wir Liebe sind. Wenn wir diese spirituelle Erfahrung machen, dass wir Liebe sind, dann bekommt unser Leben einen neuen Geschmack, dann strahlt von uns Liebe aus.

Bei manchen alten Menschen spürt man: Ihr Gesicht ist Liebe. Diese Liebe gilt nicht einem bestimmten Menschen, sondern sie strahlt zu allen Menschen und zur ganzen Schöpfung hin.

Maßlose Liebe?

Rosemarie Egger:
„Gott liebt uns über die Maßen, maßlos eben", schrieb Pfarrer Felix Evers einmal in „Christ in der Gegenwart". In der Kultur, der Kunst und im Leben aber besteht die höchste Harmonie im Maßhalten. „Jede Maßlosigkeit fällt einmal in sich selbst zusammen, um neu geboren zu werden" (C. G. Jung).
Würde Gott uns tatsächlich über die Maßen, maßlos lieben, kämen wir da nicht bald an unsere Grenzen? Würden wir nicht eingeengt, unfrei und schlussendlich unglücklich wie Kinder oder Ehepartner, die sich aus einer maßlosen Liebe zu befreien versuchen? Maßlose Liebe ist ein schweres Gewicht. Müssten wir nicht eher sagen: Gottes Liebe ist das gesunde Mittel-Maß, wie man an seiner Schöpfung sieht? Ein Krug, der mit zu viel Wasser gefüllt wird, läuft über, und kostbarer Inhalt geht verloren. Auch Jesu Barmherzigkeit war ja nicht maßlos,

oder? Und seine auf die Spitze getriebene Bergpredigt hat uns durch alle Jahrhunderte bis heute zum Nachdenken gebracht, aber doch nicht wirklich zum Nachleben. Leben könnten die Worte Jesu nur vollkommene Menschen, aber wer außer Jesus wäre je vollkommen gewesen? Wir mit unseren widersprüchlichen Charaktereigenschaften können hin und wieder diese Liebe leben, doch schon morgen wird sie von unserem „Dunkelmacher" bekämpft und geschwächt oder vernichtet. Und übermorgen dürfen wir wieder kurzfristig im Lichte Gottes stehen. Wie sagte doch Meister Eckhart: „Da ist kein Einziger, der gut ist, nur durch die Gnade Gottes kann der Mensch Gutes tun."

Zwar lieben wir das Gute, das Schöne, das Wahre, aber um diese reine Liebe herum liegt eine unbewusste Vorliebe für das andere, oft ein Zwang, eine Neigung, ja eine Zerstörungslust, ganz unfreiwillig. Auch wenn wir das gerne abstreiten: Selbst der scheinbar beste, edelste Mensch kann und will nicht wahrhaben, was in seinem Unterbewusstsein „gespielt wird". So legt sich das Geheimnis Gottes in jedes seiner Menschenkinder ...

„Gott liebt uns über alle Maßen, maßlos eben!" – Was sagen Sie, lieber Bruder, zu dieser Aussage?

Pater Anselm:

Die Aussage des Theologen stimmt natürlich von der Theologie her. Aber unsere Erfahrung widerspricht oft dieser Aussage. Da erleben wir Gott als den

Unbegreiflichen. Wenn uns ein Leid trifft, dann können wir diesen Satz nicht sagen. Dann erleben wir das, was das Alte Testament auf sehr menschliche Art den „Zorn Gottes" nannte. Natürlich dürfen wir auch diese Aussage nicht als eine Aussage über Gott verstehen, sondern als Ausdruck unserer Erfahrung mit Gott. Der 1. Johannesbrief sagt: „Gott ist die Liebe, und wer in der Liebe bleibt, der bleibt in Gott und Gott bleibt in ihm" (1 Joh 4,16). Gott ist Liebe. Die Aussage können wir existenziell erfahren, wenn wir in der Stille in den Grund unserer Seele gelangen. Dort, auf dem Grund unserer Seele, dürfen wir manchmal einen Raum voller Liebe erfahren. In diesem Raum voller Liebe erfahren wir Gott als Liebe, die uns erfüllt, als eine Liebe, die auch in uns strömen will zu allen Menschen hin. Wir lieben dann nicht einfach, wir *sind* dann *Liebe*.

Wenn wir sagen: „Gott liebt mich", dann ist das eine Aussage über Gott. Wir gehen davon aus, dass Gott wie ein Vater oder eine Mutter ist, die uns lieben. Manchmal dürfen wir das so ausdrücken. Dann erfahren wir Gott wie einen liebenden Vater oder eine liebende Mutter. Aber manchmal erfahren wir Gott eben auch anders, als unverständlich und unbegreiflich, als ferne und abwesend.

Die Theologie sagt: Alle Aussagen, die wir von Gott machen, stimmen und stimmen doch nicht. Denn über Gott können wir mehr sagen, was er nicht ist, als was er ist. So sagt es schon die sogenannte „apophatische Theologie" der griechischen Kirchenväter. Daher wäre ich mit solchen Aussagen vorsichtig. Wir tun dann so, als ob wir genau wüssten, wie Gott ist.

Rosemarie Egger: *Liebe sein? – Wir alle möchten Liebe sein! Aber das bleibt ein Wunschtraum. Jeder weiß das, auf der ganzen Welt sieht man doch: Das Böse, Niederträchtige geht Hand in Hand mit der Liebe. Seit die Welt besteht, ist es weder der Liebe noch dem Dämonischen gelungen, das Menschenherz ganz für sich zu gewinnen. Wie liebevoll erscheint uns oft ein Mensch. Man ist beschämt von so viel Herzlichkeit. Derselbe Mensch kann am nächsten Tag fähig sein, andere seelisch oder körperlich zu verletzen, er kann andere ruinieren, er kann töten. In der Dualität leben wir, bis Gott den neuen Menschen erschafft. Auch eine Mutter Teresa, die so viel Liebe ausstrahlte, war nicht nur Licht und Liebe. Sie schreibt von ihrer Gottverlassenheit, vor allem im Alter. Ihre Mitarbeiterinnen bekamen das zu spüren.*
Zusammenfassend würde ich sagen: Wir können kurzfristig die Erfahrung machen, dass wir „Liebe sind"; da wirkt Gott in uns! Wir sind jedoch unfähig, Liebe zu bleiben. Entfernen wir uns aus der Liebe Gottes durch unser Ego? Oder entfernt Gott sich in uns? Die Fragen bleiben …

Die Macht der Liebe

Rosemarie Egger: *Albert Einstein schreibt in einem Brief an seine Tochter Lieserl: „Die Liebe ist die einzige Macht im Universum, die der Mensch nicht nach seinem Willen steuern kann. Allerdings trägt jeder Einzelne in sich einen kleinen, aber leistungsstarken Generator der Liebe, dessen Energie darauf wartet, befreit zu werden." Mit welchen Worten würden Sie das sagen, Bruder Anselm?*

Pater Anselm:
Platon nennt den Eros die Kraft, die das Getrennte verbindet. Wenn Paulus in 1 Korinther 13 das Hohelied der Liebe singt, dann meint er diese Kraft der Liebe, die in uns ist. Es ist eine göttliche Kraft, die den ganzen Kosmos durchdringt. Diese Liebe ist in uns, auch wenn wir uns oft von andern verletzt fühlen. Dann ist es unsere Aufgabe, durch all die Verletzungen, aber auch durch unsere Ängste, durch unseren Groll, durch unsere Bitterkeit hindurch in den Grund der Seele vorzudringen. Dort strömt die Quelle von Liebe. Wenn wir im Gebet oder in der Meditation mit dieser Liebe in Berührung kommen, dann kann die Quelle der Liebe in uns hochsteigen und auch unser Bewusstsein durchdringen. Dann werden wir fähig, andere zu lieben und liebevoll der Natur zu begegnen. Einstein hat das in dem physikalischen Bild des Generators ausgedrückt. Ich würde es mit dem Bild

der Quelle beschreiben. Aber letztlich meint es dasselbe: Die Liebe – und in der Liebe ist es Gott selbst – ist in uns. Unsere Aufgabe ist es, mit ihr in Berührung zu kommen und sie dann in all unser Denken und Fühlen und Handeln hineinströmen zu lassen, damit die Liebe durch uns hineinströmt in diese Welt und diese Welt verwandelt, sie immer mehr mit dem Geist Christi, der reine Liebe ist, durchdringt.

Das Opfer als Vollendung der Liebe?

Rosemarie Egger: *Der polnische Arzt und Pädagoge Janusz Korczak (1878–1942) begleitete 200 Kinder seines Waisenhauses aus dem Warschauer Ghetto in das Vernichtungslager Treblinka, obwohl die Nationalsozialisten ihn selbst „verschonen" wollten. Er starb dort gemeinsam mit den Kindern. Ist ein solches reines Opfer nicht vollkommener als die Liebe, die sozusagen eine Vorstufe wäre? Das Opfer als Vollendung des Göttlichen im Menschen, als Geheimnis seiner selbst. Vielleicht ist der Opfertod Jesu aus dieser Warte besser zu verstehen? Könnten Sie, lieber Bruder Anselm, etwas darüber sagen?*

Pater Anselm:

Wir tun uns heute schwer mit dem Begriff des Opfers. Wir verbinden ihn zu sehr mit einer Leistung, die wir vor Gott erbringen. Ich würde daher den Begriff Opfer gerne mit Hingabe übersetzen. Und die Hingabe ist sicher die Vollendung der Liebe. Jesus selbst sagt von seinem „Opfer" am Kreuz: „Es gibt keine größere Liebe, als wenn jemand sein Leben hingibt für seine Freunde" (Joh 15,13). In diesem Sinn ist Opfer als reine Hingabe der Gipfel und die Vollendung der Liebe.

Das Opfer kann man nicht planen. Es geschieht, wenn ich mich ganz auf den Augenblick einlasse, mich ganz dem hingebe, was gerade von mir verlangt wird. Ich spüre dann den Impuls, mich nicht in Sicherheit zu bringen, sondern – wie Jesus das in seinem Ringen am Ölberg getan hat – mich auf das einzulassen, was Gott jetzt, in diesem Augenblick von mir fordert.

Verwandlung

Rosemarie Egger: *Lieber Bruder, wie schön wäre es, wenn die Taufe, die Sonntagspredigt, das Evangelium und vor allem der Glaube uns Christen wirklich verändern würden, wenn sie uns besser, l i e b e voller machten!*

Pater Anselm:

Das Zentrale unseres christlichen Glaubens ist die Verwandlung. Jeder Mensch soll immer mehr in das einmalige und ursprüngliche Bild verwandelt werden, das Gott sich von ihm gemacht hat. Verwandelt werden kann nur das, was wir anschauen und Gott hinhalten. Wir sollten auch den oberflächlichen und dunklen Teil in uns, die eigene Leere und Banalität Gott hinhalten, im Vertrauen, dass Gott alles, was wir ihm hinhalten, verwandelt.

Wenn wir auf unser Leben zurückschauen, spüren wir, dass wir oft nicht wir selbst waren, sondern eine Rolle gespielt haben. Aber die Hoffnung besteht, dass Gott auch unser Leben, das wir hinter Rollen und Masken versteckt haben, immer mehr in die wahre Gestalt verwandelt. Das ist im Kloster nicht anders. Auch da besteht die Gefahr, dass wir nur funktionieren, zwar fromm funktionieren, aber doch nicht in Berührung sind mit unserem wahren Selbst und nicht alles in uns Gott hinhalten, um es von ihm verwandeln zu lassen.

C.G. JUNG UND ANDERE PRÄGENDE PERSÖNLICHKEITEN

Gedanken von C.G. Jung

Rosemarie Egger: *Lieber Bruder Anselm, Sie sind doch ein C.G.Jung-Anhänger, und ich bin eine Verehrerin von ihm. Einige Gedanken von C.G. Jung begleiten mich seit Jahrzehnten. Möchten Sie etwas zu seiner Einstellung zur „Feindesliebe" sagen? Diese sei, so C.G. Jung, eine maßlose Übersteigerung des Guten, und jede Maßlosigkeit falle einmal in sich selbst zusammen, um neu geboren zu werden. Auch andere Gedanken von Jung gehen mir nach: „Gerufen und ungerufen, Gott wird da sein." Oder: „Gott, um den mein Denken und Streben mein ganzes Leben lang kreist, stellt die sicherste Gewissheit dar, die es für mich überhaupt gibt."*

Pater Anselm:

Jung hat durchaus ein Verständnis für die Feindesliebe. Aber die Bedingung für die Feindesliebe ist, dass wir zuerst den Feind in uns selber lieben. Jung hat dazu eindrückliche Worte geschrieben: „Dass ich den Bettler bewirte, dass ich dem Beleidiger vergebe, dass ich den Feind sogar liebe im Namen Christi, ist unzweifelhaft hohe Tugend. Was ich dem Geringsten unter meinen Brüdern tue, das habe ich Christo getan. Wenn ich nun aber entdecken sollte, dass der Geringste von allen, der Ärmste aller Bettler, der Frechste aller Beleidiger, ja der Feind selber in mir ist, ja dass ich selber des Almosens meiner Güte bedarf, dass ich mir selber der zu liebende Feind bin, was dann? Dann dreht sich in der Regel die ganze christliche Wahrheit um, dann gibt es keine Liebe und Geduld mehr, dann sagen wir zum Bruder in uns Racha [Narr, Dummkopf], dann verurteilen wir und wüten gegen uns selbst" *(C. G. Jung, Gesammelte Werke, Band 11, Zürich 1963, 367f).* Nur wenn wir den Feind in uns selber lieben, wird unsere Feindesliebe möglich. Dann ist sie keine Übersteigerung, sondern dann führt sie uns zu einer neuen Erfahrung unserer selbst und des Menschseins überhaupt. Und dann geht uns das Geheimnis Gottes auf, und wir verstehen die Botschaft Jesu erst richtig.

Rosemarie Egger: *Nochmals C. G. Jung: „Das Christentum ist entgegen allen andersartigen Erscheinungsweisen ein fortschreitender Prozess, wie der Mensch selbst, denn: ‚Es ist noch nicht erschienen, was wir sein werden!' (1 Joh 3,2). Wir werden verwandelt werden ..."*

Pater Anselm:

Jung versteht den Weg des Menschen als Prozess der Selbstwerdung, der Individuation. Und in diesem Sinn versteht er auch das Christentum. Wir lassen uns auf einen Weg der Verwandlung ein. Für ihn ist ein wichtiges Bild der Verwandlung das Kreuz. Denn das Kreuz bedeutet für ihn die Einheit aller Gegensätze. Unsere Aufgabe ist es, die Gegensätze in uns anzunehmen und in unser Menschsein zu integrieren. Die christlichen Symbole und die Rituale, die das Christentum großenteils auch von anderen Kulturen und Religionen übernommen hat, wollen uns auf diesem Weg der Selbstwerdung und der Verwandlung voranbringen. Die letzte Verwandlung geschieht im Tod. Da werden wir für immer in das einmalige Bild verwandelt, das Gott jedem von uns zugedacht hat.

Prägende Persönlichkeiten

Rosemarie Egger: *Welche drei bis vier Persönlichkeiten haben Ihr Leben geprägt mit ihrem Denken, Leben, Glauben und Sein? Natürlich ist die Frage subjektiv. Bitte sagen Sie auch, warum Sie gerade auf diese Menschen gekommen sind. Für mich selber sind es immer noch Gandhi, Nietzsche (ja wirklich!), C. G. Jung und in unserer Zeit Eugen Drewermann.*
Durch C. G. Jung habe ich gelernt, tagtäglich bewusst zu leben und zu versuchen, mich und meine Mitmenschen besser zu erkennen und zu verstehen (wobei Jung zu Recht sagt, das sei unmöglich).
Friedrich Nietzsche: Ich kenne kein Gedicht, welches die Sehnsucht und Liebe zu Gott schöner und beglü-

ckender beschreibt als jenes von Nietzsche: „Dem unbekannten Gott"[5]*. Und wer außer ihm hat noch mit solcher Wahrhaftigkeit, Unschuld und solchem Mut geschrieben wie Nietzsche? Man erschrickt ja förmlich vor seiner Wahrhaftigkeit.*

Von Gandhi kann ich nur sagen, dass ich ihn durch Erzählungen meines Vaters seit meiner Kindheit liebe. Er starb 1948, als ich zehn Jahre alt war. An diesem Tag schrieb ich ein Gedicht für ihn, mein erstes. Meine Liebe zu ihm ist bis heute geblieben. Zwei Fotos von ihm hängen an der Wand über meinem Schreibtisch. Schon

5 Friedrich Nietzsche, „Dem unbekannten Gott" (1863/64):

Noch einmal, eh ich weiterziehe
Und meine Blicke vorwärts sende,
Heb ich vereinsamt meine Hände
Zu Dir empor, zu dem ich fliehe,
Dem ich in tiefster Herzenstiefe
Altäre feierlich geweiht,
Dass allezeit
Mich Deine Stimme wieder riefe.

Darauf erglüht tief eingeschrieben
Das Wort: Dem unbekannten Gotte.
Sein bin ich, ob ich in der Frevler Rotte
Auch bis zur Stunde bin geblieben:
Sein bin ich – und ich fühl die Schlingen,
Die mich im Kampf darniederziehn
Und, mag ich fliehn,
Mich doch zu seinem Dienste zwingen.

Ich will Dich kennen, Unbekannter,
Du tief in meine Seele Greifender,
Mein Leben wie ein Sturm Durchschweifender,
Du Unfassbarer, mir Verwandter!
Ich will Dich kennen, selbst Dir dienen.

sehr, sehr alt und vergilbt. Darunter steht geschrieben: „Die Freiheit trägt ein schlichtes Kleid."
Eugen Drewermann bedeutet mir viel, weil er wirklich lebt, was er sagt und schreibt.

Pater Anselm:

Als die drei wichtigsten Persönlichkeiten, die mich geprägt haben, würde ich nennen: C.G. Jung, Karl Rahner und Henri Nouwen.

C. G. Jung hat mir gezeigt, wie Psychologie und Spiritualität und christliche Tradition miteinander verbunden werden können.

Karl Rahner hat mir ein neues Denken ermöglicht. Er hat mir gezeigt, dass in jedem Menschen eine Sehnsucht nach Gott ist, ein unbewusstes Wissen von Gott. Natürlich ist die Sprache von Rahner manchmal sehr theoretisch, daher müsste man seine Gedanken heute in eine mehr psychologische Sprache kleiden.

Henri Nouwen hat mich als Mensch berührt. Er war absolut ehrlich und immer suchend. Er hat sich nie mit Antworten zufriedengegeben. Und er war ein zutiefst frommer Mensch.

WEITER AUF DEM WEG

Wozu lebe ich?

Rosemarie Egger: *Was denken Sie, lieber Bruder Anselm, warum wir leben? Ich selber glaube: damit wir uns verwandeln (lassen!) bis ins hohe Alter, bis zum letzten Atemzug. So dürfen wir am Ende sagen: Wir haben mit Gott gelebt.*

Ob das Wort „verwandeln" stimmt? Ich glaube, dass all das, was wir uns durch Erfahrungen und Erkenntnisse erwerben, schon von Geburt an in uns ist – als Samenkorn, wie unser noch schlafendes Bewusstsein. Es wird aufgeweckt durch Leid und Schicksalsschläge, die unser Leben erschüttern. Durch diese Erschütterung wird das schlafende, in sich ruhende Samenkorn genährt, fängt zu wachsen, zu blühen an und erleuchtet und belebt unser inneres Menschsein. Und das Bewusstsein vom Leben wird lebendig und lebendiger. So können wir tatsächlich von Lebensweisheit sprechen. Jedoch: Leben können wir diese Weisheit nicht. Unsere Mängel, Schatten- und Dunkelseiten bleiben uns. Auch deshalb hören wir von Familienangehörigen und Freunden, die wir längere Zeit nicht gesehen haben, oft den Satz: „Du bist immer noch die/der Gleiche geblieben." Weil wir mit unseren Dunkelseiten, trotz der erlangten Altersweis-

heit, die anderen weiterhin verletzen. Unsere Charaktereigenschaften ändern sich nicht. Das Geheimnis Mensch bleibt bis zur Todesstunde ein Geheimnis, wie Gott selbst es ist.

Pater Anselm:

Die Frage, warum wir leben, kann ich nicht beantworten. Ich kann nur etwas zu der Frage sagen: Wozu lebe ich? Welchen Sinn gebe ich meinem Leben? Welche Lebensspur möchte ich eingraben in diese Welt? Da gibt es für mich zwei Antworten.

Die erste Antwort: Ich lebe, um das einmalige Bild, das Gott sich von mir gemacht hat, immer klarer in dieser Welt aufleuchten zu lassen. Das bedeutet einen dauernden Prozess der Verwandlung. Je älter ich werde, desto mehr spüre ich, dass noch vieles in mir verwandelt werden muss. Gerade im Alter entdecke ich auch meine Schattenseiten. Meine Aufgabe ist es, all diese Schattenseiten immer wieder in das Licht Jesu zu halten und zu vertrauen, dass seine Liebe diese Schattenseiten verwandelt. Dann wird von mir etwas Licht ausstrahlen in diese Welt. Dann werde ich meine einmalige Lebensspur in diese Welt eingraben. Und ich hoffe, dass es eine Spur der Liebe, der Freiheit, der Lebendigkeit, der Milde und der Weite ist.

Die zweite Antwort bezieht sich auf die Sendung, die ich von Gott erhalten habe. Jesus sendet seine Jünger aus. Er sendet auch mich aus. Die Frage ist: Was ist meine Aufgabe in dieser Welt? Das muss keine große Aufgabe sein. Es kann sein: Vater oder Mutter oder Schwester oder Bruder zu sein für andere Menschen. Es kann eine Aufgabe sein, für die ich mich berufen fühle. Was meine Sendung ist, das erkenne ich, wenn ich auf die inneren Impulse achte, die Gott mir in der Stille gibt. Viele sagen: Ich weiß nicht, was ich tun soll. Es geht dann nicht darum, nachzugrübeln, was ich tun soll, sondern zu vertrauen, dass Gott mir selbst Impulse gibt, wenn ich offen genug bin für die oft sehr leise Stimme Gottes in meinem Innern.

Ein „Passwort" für mein Leben

Rosemarie Egger: *Romano Guardini sagt, bei der Geburt werde jedem Kind ein „Passwort" mitgegeben, ein Passwort fürs eigene Leben.*
Ich glaube, dass dieses Wort jahrzehntelang in einem Menschen schlummern kann. Oft wird es erst durch ein Ereignis, das ihn erschüttert, aufgebrochen.
Das eigentliche, bewusste Leben beginnt erst da, wo das ureigene Passwort eines Menschen mit seiner Seele in Berührung kommt. Sein Leben vorher entwickelte sich eher im Nebel als im Licht. Vielleicht war er ein braver, gottgläubiger Mensch, aber es wurden ihm kaum höhere Erkenntnisse zuteil. Gott war ein Gott, den er im Evangelium fand, aber nicht in sich selbst.

Wenn jemandem sein Passwort „aufgeht", spürt er, dass es etwas ist, was er sich nicht selbst gegeben hat. Es kommt von Gottes Geist. Es wird zum Brennpunkt des eigenen Lebens: ein Dauerauftrag, der für mich bestimmt ist. Vielleicht führt es auch einfach zur stillen Hingabe an etwas Höheres, als Verstand und Vernunft erfassen können.

Manchmal trifft einen Menschen sein Passwort in einer schweren Krankheit oder in großer Einsamkeit. Andere erfahren es in jungen Jahren. Wie weit einem dabei die Gnade Gottes zugetan ist oder die eigene Sehnsucht oder ob beides zusammenfließt, das ist wohl schwerlich zu sagen.

Bevor ich mein Passwort erhielt, gierte ich nach der äußeren Welt, und mir war alles zuteil geworden, was ich später verwarf. Mein Passwort kam in meinem 42. Lebensjahr zu mir, vor dem Sterbe- und Totenbett meines Vaters. Damals hörte ich klar und deutlich eine Stimme in mir, die sagte: „Vater lebt erst jetzt!" Dieser Satz war ganz auf das Jetzt gerichtet.

Pater Anselm:

Für mich gibt es zwei schöne Bilder für das einmalige Wesen des Menschen. Das eine ist der Gedanke von Thomas von Aquin: Jeder ist *ein einmaliges Bild Gottes*. Und unsere Aufgabe besteht darin, dieses einmalige Bild in dieser Welt aufleuchten zu lassen. Das andere Bild ist das von Romano Guardini, der nach einem Traum das Gefühl hatte: Gott spricht über jeden Menschen ein einmaliges Wort, *ein Passwort,* das nur für diesen Menschen passt. Und unsere Aufgabe ist es, dieses einmalige Wort in dieser Welt vernehmbar werden zu lassen.

Bei Kursen gebe ich den Teilnehmern manchmal die Aufgabe, sie sollten ihr Passwort aufschreiben. Sie sollen nicht zu viel nachdenken, sondern einfach aufschreiben, was ihnen gerade einfällt. Dann liest jeder sein Wort vor und legt es in die Mitte. Man spürt: Ja, in jedem Menschen wird etwas Einmaliges von Gott sichtbar. Der eine schreibt: *Liebe,* der andere *Harmonie,* der andere *Lebendigkeit,* oder: *Eine Brücke bauen, Menschen miteinander verbinden.* Ich schreibe auf meinen Zettel: *Weites Herz.* Das ist für mich wichtig: ein weites Herz zu haben, das nicht bewertet, das offen ist für die Menschen und offen für die Liebe, die es wärmt.

Glücklich sein – glücklich machen

Rosemarie Egger: *Eine Ordensgründerin schreibt: „Es kommt nicht darauf an, glücklich zu sein, sondern andere glücklich zu machen." – Da bin ich anderer Meinung: Es kommt darauf an, selbst glücklich (zufrieden!) zu sein; nur so können wir die von Gott empfangene Freude, das Glück, weitergeben. Ich bin sicher, lieber Bruder, auch Sie denken so …*

Pater Anselm:

Die Frage ist: Was ist Glück? Und was macht mich glücklich? Glück heißt: im Einklang sein mit sich selbst. Das ist sicher die Voraussetzung, dass wir auch andere glücklich machen können. Denn wenn wir uns nur dann glücklich fühlen, wenn wir andere glücklich machen, brauchen wir ständig andere, denen wir helfen. Aber umgekehrt dürfen wir durchaus Glück erfahren, wenn ein Mensch, mit dem wir in seiner Not gesprochen haben, von uns glücklicher weggeht. Wir dürfen daher die beiden Pole nicht auseinanderreißen.

Wenn wir nur auf das Glück der andern schauen, sind wir in Gefahr, hart zu werden, unsere eigene Seele zu überspringen.

Wenn wir jedoch nur auf das eigene Glück schauen, kann das leicht zu einem narzisstischen Kreisen um sich selbst führen.

Letztlich besteht beim Glück die gleiche Spannung wie in der Forderung Jesu: „Liebe deinen Nächsten wie dich selbst!“ (Mk 12,31).

Wer sich selbst nicht liebt, kann den Nächsten nicht lieben.

Aber wer nur sich selbst liebt, der ist – so sagt die Psychologin Ursula Nuber – in Gefahr, in die Egoismusfalle zu tappen. Dann fühlt er sich einsam, weil er nur um sich kreist, und eben doch nicht wirklich glücklich.

Wir können die Spannung zwischen diesen beiden Polen nicht auflösen. Und wir können auch nicht sagen, was früher ist. Es ist – wie Karl Rahner sagen würde – ein Urdatum, das wir nicht mehr auflösen können, das wir einfach in seiner Spannung erspüren sollen.

Gottes Wille – mein Wille

Rosemarie Egger: *Wenn Gottes Wille mit meinem zusammenpasst, dann hat mein Leben den höchsten Sinn erreicht. – Wie sehen Sie das?*

Pater Anselm:

Gottes Wille ist unsere Heilung. Gott will, dass wir heil und ganz werden, unserem Wesen entsprechend. Wir müssen in uns selbst unterscheiden zwischen dem oberflächlichen Willen, der da- und dorthin fahren oder das und jenes haben will, und dem Willen, den wir in der tiefen Stille im Grund unserer Seele spüren. Was wir da auf dem Grund unserer Seele wollen, das ist mit Gottes Willen identisch, das ist das, was unserem Wesen entspricht.

Eine ehrliche Prüfung seiner selbst

Im Folgenden knüpft Rosemarie Egger an ein bereits zitiertes Wort von Meister Eckhart an, das zu einer kritischen Prüfung seiner selbst anregen kann: Wo stehe ich? Wie steht es um mich? Wie handle ich – und aus welchen Motiven?

Rosemarie Egger: *„Da ist kein Einziger, der gut ist, nur durch die Gnade Gottes kann der Mensch wahrhaft Gutes tun", schreibt Meister Eckhart.*
Ich stelle mir immer wieder eine Reihe von Fragen:
– Liebst du Gott wirklich? Gibt es einen Grund dafür?
– Bleibst du wirklich Christ durch die Taufe, auch wenn dir längst eine andere Religionsgemeinschaft zusagt?
– Deine Tugendprotzerei, hilft sie dir, dass andere dich gernhaben?
– Glaubst du, Gott liebt dich mehr als einen „Dunkelgänger"?
– Wie oft hast du geglaubt, nie mehr von deinem „edlen Weg" abzukommen? Wie viele Tage warst du fähig dazu?
– „Bist du ein Segen für andere?" (Anselm Grün). Bist du nicht oft ein Ärgernis, ein Bremsblock? Wie oft verletzt du andere, um dich zu rächen?
– Widerspricht die Trägheit deines Herzens nicht dem, was du wirklich tun willst? Wann hast du zuletzt den Mut aufgebracht, dich für andere einzusetzen?
– Bist du ein Leierkasten geworden für deine Gebete? Kannst du wirklich noch beten?

– Wie oft am Tag rettest du dich in eine Lüge?
– Hast du dich schon einmal hinreißen lassen zu sagen: „Gott, ich hasse dich!"? (Danach bekommst du eine ehrenwerte Beziehung!)
– Kannst du wirklich nach deinen frommen Worten, die du niederschreibst, leben? Lebst du die „Liebe", ein Wort, das du so oft missbrauchst?
– Wie oft hast du dich nach einer langweiligen Sonntagspredigt geärgert, ohne dich in den Pfarrer zu versetzen: womöglich in sein Nicht-mehr-glauben-Können an das, was er selbst predigt, in seine Einsamkeit, in seinen Schmerz?
– Wie oft hast du in den letzten Wochen deine Tugenden „rauschen" lassen, damit sie nur ja jemand hört und dich bewundert in deiner Einmaligkeit?
– Wie oft hast du Macht ausgeübt, um dein angeschlagenes Selbstwertgefühl zu stärken?
– Ein Tag, ohne Liebe zu geben, sei ein verlorener Tag, sagt C. B. – Ist das Wort „Liebe" nicht überspannt?
– Fürchtest du dich, allein deine Stimme zu erheben, um einen Freund vor schlechter Rede zu verteidigen? Fühlst du dich mitten im Gewühl beschützt und geborgen? Oder ist es die Trägheit deines Herzens, die dein Tun bestimmt?
– Ein Satz, der zu einer Anfrage an einen selbst wird: Das Schlimmste ist das Schweigen der Guten ...
– Glaubst du, du würdest in deinem Umfeld nur Gutes tun? Merkst du nicht, wie oft du durch deine Bosheit andere verletzt und schädigst?

– Wie oft hast du das „Gutmensch-Sein" benutzt, um für dich selbst etwas zu erreichen?
– Glaubst du trotzdem am Ende dieses Tages, dass aller Wirr- und Irrsinn in der Wiederholung, alle Hoffnungslosigkeit in der Hoffnung dich dort, wo du ankommst, erhöht?
Bruder Anselm, was sagen Sie zu diesen selbstkritischen Fragen?

Pater Anselm:

Sie haben mit diesen zwanzig Fragen wichtige Anstöße gegeben, das eigene Gewissen zu erforschen. Diese Fragen entsprechen in ihrem Kern den Fragen, die Jesus in der Bergpredigt den Menschen stellt. Denn für Jesus ist es nicht genug, nur äußerlich die Gebote zu halten, sich nach außen korrekt zu verhalten.

Es geht Jesus immer um die Gesinnung.

Und es geht ihm um die Wahrheit und Wahrhaftigkeit.

Und um die Demut! Demut bedeutet, dass wir damit rechnen, dass wir uns mit unserer Frömmigkeit gerne über andere stellen und uns mit dem korrekten Verhalten davon abhalten, unser Herz genauer zu prüfen.

Daher gilt es, das eigene Tun immer wieder infrage zu stellen und sich von Jesus infrage stellen zu lassen. Das macht demütig und wahrhaftig.

Mein Credo

Rosemarie Egger: *„Gott sagt nicht: ‚Dies ist ein Weg zu mir, das aber nicht', sondern: ‚Alles, was du tust, kann ein Weg zu mir sein, wenn du es so tust, dass es dich zu mir führt'", schreibt Martin Buber.*
Mein Credo: Ich kann von mir nicht wirklich sagen, ich bin Christin, obwohl ich glaube, dass Christus durch Gottes Geist gezeugt, geboren und Mensch geworden ist. Ich glaube, was die Evangelisten über ihn geschrieben haben; es fällt mir leicht, daran zu glauben. Aber wäre ich auf einem anderen Kontinent geboren und erzogen worden, würde ich wahrscheinlich mit gleicher Gewissheit an Buddha glauben oder Mohammed oder Laotse folgen, und das wäre dann ebenso richtig.
Von Bedeutung ist für mich, dass ich ganz sicher weiß: Gott wohnt in mir und in jedem von uns. Deshalb kenne ich ihn; ich erkenne ihn, denn hin und wieder tut er sich mir in unerwarteten Augenblicken kund. Ich entdecke ihn in allem Lebendigen dieser Erde. Auch glaube ich, dass er, allumfassender Geist, sich an unseren Bemühungen, das Gute zu tun, nicht nur erfreut, sondern sie nährt, dass wir ihm schon vor Geburt angehören und im geistigen Zustand ganz angehören werden in Ewigkeit.
Durch Jesu Worte in der Bibel weiß ich, dass Gott mich liebt, dass er ohne Ausnahme jeden von uns liebt. Mein Glaube an ihn ist so stark, dass er durch jede von Menschen verursachte Dunkelheit, mit der ich konfrontiert

werde, und durch die Dunkelheit in mir selbst noch fester und lebendiger wird; denn nie ist der Mensch lebendiger als im Leid.
Auch glaube ich, dass das wahre Wesen des Menschen als Gottes Ebenbild ursprünglich gut ist. Aber es wird durch den Zusammenhang mit dem Irdischen getrübt und bedarf der Läuterung. Diese Läuterung ist die eigentliche Aufgabe eines jeden von uns, um am Ende wieder in die Klarheit des ursprünglichen Wesens zurückzufinden, zurückzukehren, möglicherweise durch Wiedergeburt?
Lieber Bruder, für mein Credo erhoffe ich eine Antwort, gerne auch kritisch …

Pater Anselm:

Ihrem Credo kann ich in vielen Bereichen zustimmen. Dennoch würde ich manches anders sehen und anders formulieren. Ich bin dankbar, Christ zu sein. Natürlich wäre ich, wenn ich in einem anderen Kulturkreis geboren wäre, eher Buddhist oder Muslim. Doch gibt es keine Länder dieser Welt, in denen eine einzige Religion herrscht. Es gibt überall das Angebot verschiedener Religionen. Daher vertraue ich darauf, dass ich auch in Asien von Jesu Lehre fasziniert wäre und mich für ihn interessieren würde.

Die Sicherheit, dass Gott in mir wohnt und dass Gott mich bedingungslos liebt und dass der Mensch von Geburt an gut ist, teile ich mit Ihnen. Die Schöpfungsgeschichte sagt uns, dass Gott die Welt und den Menschen gut geschaffen hat. Nach Vollendung der Schöpfung sah Gott, dass alles gut war, bzw. – wie die Griechen übersetzen –, dass alles schön war. Doch wir leben in einer Welt, in der auch Sünde herrscht. Und so werden wir immer wieder davon infiziert. Daher braucht es den Ruf Jesu zur Umkehr bzw. zum Umdenken. Wir müssen immer wieder unser Denken überprüfen, weil wir nicht so denken, wie es der Realität entspricht, sondern falsch über uns und das Leben denken.

Leid sollen wir uns nicht aussuchen. Das wäre wie gesagt masochistisch. Aber ob wir wollen oder nicht, wir werden immer wieder mit Leid konfrontiert. Und dann kommt es darauf an, wie wir mit dem Leid umgehen. Das Leid zerbricht unsere Vorstellungen vom Leben. Wenn wir unsere Vorstellungen vom Leben zerbrechen lassen, werden wir am Leid nicht zerbrechen, sondern aufgebrochen für unser wahres Selbst und aufgebrochen für unsere Brüder und Schwestern und aufgebrochen für den unbegreiflichen Gott, der bei aller Unbegreiflichkeit dennoch Liebe ist, wie Karl Rahner immer wieder betont.

Jesus hat sein Wirken als Reinigung und Läuterung des Menschen verstanden. Er sagt das schöne Wort: „Ihr seid schon rein durch das Wort, das ich zu euch gesprochen habe" (Joh 15,3). Durch seine Worte bringt er uns in Berührung mit dem Reinen und Ursprünglichen in uns. Der Tod ist die letzte Reinigung. Da werden alle dunklen Seiten durch die Begegnung mit der Liebe Gottes in uns gereinigt. Wir können diese Reinigung auch Wiedergeburt nennen. Aber das meint keine neue irdische Existenz. In der Begegnung mit Gott werden wir im Tod wiedergeboren, sodass unsere ursprüngliche und unverfälschte Gestalt zum Vorschein kommt und wir ganz und gar in das einmalige Bild verwandelt werden, das Gott jedem Menschen zugedacht hat.

Von Reifen und Wandlung

Rosemarie Egger: *Heute schicke ich Ihnen einige „Wald-Gedanken". Augustinus spricht davon, dass wir die Bibel und die Gebote Gottes einmal nicht mehr bräuchten, weil wir um den verborgenen Schatz, den wir in uns tragen, wissen. Vielleicht müssen wir noch lange warten, bis der neue Mensch, die neue Erde geboren werden kann, wo Lamm und Wolf nebeneinander liegen und Menschen leidlos in Frieden zusammenleben, bis die Schöpfungsgeschichte vollendet ist. Doch jetzt schon ist jeder Einzelne aufgerufen, daran zu arbeiten, die geistigen Kräfte in sich zu fördern, die diese Wandlung ermöglichen. Gutgemeinter „Helfer-Wille", bloßes Füreinander-Dasein genügt nicht: Alles muss*

vom Gottesgeist durchstrahlt werden. Liebe ist ein inneres Geschehen, ein Geschehen-Lassen. Nicht eitler Tatendrang, sondern absichtsloses, selbstverständliches Tun, das von innen kommt. Doch wie gelangen wir dahin?
Bei Ihnen, lieber Bruder Anselm, lese ich, dass wir „durch Selbsterfahrung" dorthinkommen. „Sie ist schmerzhaft, demütigend und verwundend. Gott schlägt den, der ihm begegnen will, so lange Wunden, bis Er sein Herz erreicht und ein Bündnis mit ihm eingeht." – Erst dann ist ein Mensch offenbar zur wahren Hingabe, zur Liebe fähig, die sich weiterentzündet. Alles andere sind Momentaufnahmen guter Taten, die gewiss notwendig sind, aber nicht zur Verwandlung der Menschen und der Welt beitragen.
Wenn wir das erkennen, wenn wir das durch Gottes Gnade erfahren dürfen, ist der größte Schritt für die Zukunft getan.

Pater Anselm:

Zu wahrer Hingabe sind wir erst fähig, wenn wir vom Geist Jesu durchdrungen sind. Doch wir können mit der Hingabe nicht warten, bis uns der Geist Jesu verwandelt hat. Wir leben immer in der Spannung: auf der einen Seite sollen wir versuchen, die Weisungen Jesu zu erfüllen, die er uns in der Bergpredigt als Weg zu einem erfüllten Leben aufzeigt. Auf der anderen Seite erfahren wir, dass wir aus eigener

Kraft dazu nicht fähig sind. Dennoch dürfen wir nicht warten, den Worten Jesu zu folgen, bis wir ganz und gar von seinem Geist verwandelt worden sind. Vielmehr geht es darum, die Worte Jesu ernst zu nehmen, zu versuchen, sie zu verwirklichen. Zugleich sollen wir uns immer mehr vom Geist Jesu durchdringen lassen. Die Worte Jesu laden uns ein, uns mit unserer Ohnmacht Gott hinzuhalten und uns von seinem Geist der Liebe durchdringen und verwandeln zu lassen.

Die Rede vom Gericht

Rosemarie Egger: *Christus hat sich selbst für unsere Sünden „hingegeben", für uns alle! Das heißt doch: Sündenvergebung, himmlisches Leben nach unserem Tod – für alle. Warum wird immer noch von „Gottes Gericht" gesprochen? Gott wird Barmherzigkeit sein.*

Pater Anselm:

Das Wort vom Gericht ist kein Gegensatz zu unserem Glauben, dass Christus für alle gestorben ist. Es ist ein Grundgesetz menschlicher Gerechtigkeit – so sagt der jüdische Philosoph Max Horkheimer –, dass die Täter nicht über ihre Opfer triumphieren. Das Gericht bedeutet nicht Verurteilung und Verdammung, sondern die Möglichkeit, dass auch die Täter ausgerichtet werden können auf Gott hin, wenn sie sich dem Gericht überlassen. Gericht ist also ein Hoffnungssymbol und kein Drohmittel. Es meint, dass keiner an seiner Wahrheit vorbei zu Gott kommen kann. Das Gericht deckt die Wahrheit auf und ermöglicht es zugleich jedem, sich ganz und gar auf Gott ausrichten zu lassen.

Das Ringen bleibt

Rosemarie Egger: *Es gibt Menschen, die anscheinend so viele gute Eigenschaften in die Wiege gelegt bekommen haben, dass sie gar nie kämpfen müssen mit dem Bösen. Anderen bleibt das bis ins hohe Alter nicht erspart, sie leiden – und ihre Angehörigen mit dazu. – Es bleibt die Hoffnung, dass Gott am Ende ihres Erdenlebens alle mit Liebe empfangen wird: Es sind ja seine Geschöpfe. Alle gehören sie ihm. Und auf Erden können wir einander beistehen und voll Vertrauen und ohne die Hoffnung zu verlieren diejenigen begleiten, die es besonders brauchen, sei es in der Tat oder im Gebet. Der eigentliche Helfer ist am Ende Gott ...*

Pater Anselm:

Die frühen Mönche haben das Leben wie gesagt auch als Kampf verstanden, als Ringen mit den Leidenschaften, mit den „Dämonen“, wie sie die Gedanken und Leidenschaften nennen. Auch Menschen, die gute Eigenschaften in die Wiege gelegt bekommen, werden in ihrem Leben mit der Wahrheit konfrontiert. Sie haben es sicher leichter als Menschen, die in schwierigen Verhältnissen aufwachsen. Aber jeder Mensch spürt auch seine Gefährdung. Und der, bei dem alles glattzugehen scheint, ist in Gefahr, sich über andere zu stellen. Es ist die Versuchung des Hochmuts, vor dem Jesus und auch die Wüstenväter warnen. Die Wüstenväter und Wüstenmütter, die in ihrem Ringen die innere Freiheit und Klarheit und Liebe erreicht haben, wurden für andere geistliche Väter und Mütter. Sie haben sie begleitet und ihnen beigestanden, damit sie eine neue Geburt erleben könnten. Aber erzwingen konnten sie diese „Geburt" nicht.

Wenn ich Menschen begleite, so tue ich es immer in der Hoffnung, dass ihre Wunden in Perlen verwandelt werden, dass sie mit ihrem – oft schweren – Schicksal doch eine Spur der Liebe, der Milde und der Barmherzigkeit und Hoffnung in die Welt eingraben. Die Geburt des neuen Menschen ist immer ein Geschenk der Gnade Gottes.

Doch wenn ein Mensch hier nicht neu geboren wird, dürfen wir vertrauen, dass er im Tod von Gott her die Geburt zum neuen Menschen erleben darf, die Geburt des ursprünglichen, unverfälschten, reinen Bildes, das Gott sich von diesem Menschen gemacht hat. Dieses Bild ist in jedem Menschen, auch wenn es während seines Lebens oft verdunkelt bleibt.

Rosemarie Egger: *Der hl. Antonius und andere sprechen von dunklen Seelenbildern: von Fratzen und grauenhaften bedrohlichen Gestalten …*

Pater Anselm:

Ja, denken wir nur an die Bilder von Matthias Grünewald, der die Versuchungen des hl. Antonius so eindrücklich gemalt hat: Da gibt es wilde Dämonen mit grimmigen Tierfratzen, die ihn bedrängen. Das sind Bilder der menschlichen Seele; auch wir kennen womöglich solche aggressiven, vielleicht sogar sadistische Bilder. Sie können in unserer Seele auftauchen, aber wie Antonius sollen wir keine Angst davor haben. Er hält den Dämonen den Psalmvers entgegen: „Mag ein Heer mich belagern: Mein Herz wird nicht verzagen. Mag Krieg gegen mich toben: Ich bleibe dennoch voll Zuversicht“ (Ps 27,3). Das hat die „Dämonen“ immer wieder vertrieben.

Der Wert unserer Unzulänglichkeit und Hinfälligkeit

Rosemarie Egger: *Ich frage mich manchmal, ob das wahre Leben auf Erden nicht gerade dort beginnt, wo wir unsere Unzulänglichkeiten erfahren? Und könnte es nicht die Hinfälligkeit unseres Körpers im Alter sein, die uns die wahre Größe des Menschen zeigt? Hilft uns* *nicht gerade die eigene Schwäche, endlich anzufangen, uns an die Stelle unserer Mitmenschen zu versetzen und Mitgefühl zu lernen? Güte und geistig-geistliche Wahrnehmung verwandeln den Menschen. Ist es nicht das, was sich mitzunehmen lohnt in die Welt, die uns erwartet? Lieber Bruder, was würden Sie aus Ihrer Erfahrung dazu sagen?*

Pater Anselm:

Die Aufgabe des Alters ist es, immer milder zu werden. So wie die Herbstsonne ihr mildes Licht auf die Landschaft wirft und sie dadurch verwandelt, so sollen wir mit einem milden Blick auf uns selbst und auf die Menschen schauen. Milde kommt von „mahlen". Durch die oft schmerzlichen Erfahrungen unseres Lebens werden wir „gemahlen", damit wir alle Härte im Blick auf uns und auf die Mitmenschen verlieren. Die Wüstenväter sind zwar mit sich selbst oft hart umgegangen. Doch Evagrius Ponticus, dieser große Menschenkenner aus dem 4. Jahrhundert, sieht in der Sanftmut das Zeichen eines spirituellen Menschen. Wenn einer durch seine Askese hart wird und andere verurteilt, hat er nichts vom Geist Jesu verstanden. Sanftmut ist der Mut, alles in uns zu sammeln – sanft kommt von sammeln –, um es Gott hinzuhalten, damit Gottes Liebe eindringt und es verwandelt. Zur Milde und zur Sanftmut gehört die Güte. Ich werde aber nur dann mit mir selbst und mit andern gütig sein, wenn ich an das Gute in mir und in den Menschen glaube. Dann werde ich auch gut und gütig mit ihnen umgehen.

Rosemarie Egger: *Jetzt im Alter glaube ich, schon das Wissen um unsere Schattenseiten ist ein Fortschritt! C. G. Jung hat mir mit folgenden Gedanken sehr geholfen: „Wenn man sich seines Schattens bewusst ist und seine Projektionen zurückzieht, ist man sich selbst eine Aufgabe geworden, da man nicht mehr sagen kann, die andern sind im Fehler. Man lebt jetzt im Haus der Selbstbestimmung, der inneren Sammlung, man weiß, was immer in der Welt verkehrt ist, das ist auch in mir selber." C. G. Jung meint, wenn wir mit unseren Schatten fertigwerden, haben wir etwas Wirkliches für die Welt getan. Es gelinge dann wenigstens, „den allerkleinsten Teil der ungelösten riesenhaften Fragen unserer Zeit zu beantworten, aber ein vollgerütteltes Maß an Erfahrung, ja Enttäuschung" gehöre dazu.*

„Wir sind nur Bettler"

Pater Anselm:

Die Worte von C. G. Jung kann ich bestätigen. Wir werden unsere Schattenseiten nie ganz aufhellen und verwandeln. Es genügt schon, uns ihrer in aller Demut bewusst zu werden. Dann werden wir sie nicht mehr auf die Menschen projizieren. Die frühen Mönche sind bewusst in die Wüste gegangen, um dort den Dämonen zu begegnen, die sie in ihrer eigenen Seele wahrnehmen. Sie glauben: Wenn ich ein wenig Dunkelheit in mir vom Licht Jesu durchdringen lasse, dann wird die ganze Welt ein wenig heller. So sind wir mit unserem geistlichen Streben immer schon verbunden mit den Menschen. Und indem wir uns unserer Schattenseiten bewusst werden und sie immer wieder in das Licht Gottes halten, wird es nicht nur in uns heller, sondern auch um uns herum.

Als ich vor 58 Jahren ins Kloster eingetreten bin, habe ich versucht, meine Fehler und Schwächen zu bekämpfen, sie zu besiegen. Aber dann bin ich unsanft auf die Nase gefallen. Da haben mir die Gedanken von C. G. Jung und die Erfahrungen der Wüstenväter geholfen, in aller Ehrlichkeit und Demut alles, was in mir ist, anzuschauen, auch die unangenehmen Seiten, und sie im Gebet Gott hinzuhalten. Zu Beginn wollte ich immer als guter Mönch, als geistlicher Mensch vor Gott erscheinen. Erst als ich meiner eigenen Wahrheit schmerzlich begegnet bin, konnte ich dieses spirituelle Image loslassen und mich vor Gott so zeigen, wie ich wirklich bin. Das hat mich demütiger, aber auch freier und zuversichtlicher gemacht.

Am Ende unseres Lebens dürfen wir dankbar auf alles schauen, was Gott uns geschenkt hat und was wir auch andern Menschen weiterschenken durften.

Aber am Ende werden wir eben auch in aller Demut mit Martin Luther eingestehen: „Wir sind nur Bettler." Der berühmte Bachdirigent Karl Richter hatte immer einen Zettel in seinem Koffer mit diesem Wort: „Wir sind nur Bettler." Er konnte Menschen faszinieren mit seiner Art, die Kantaten Bachs aufzuführen. Aber bei allen Erfolgen wurde ihm immer klarer, dass wir vor Gott alle Bettler sind, dass wir uns nichts einbilden dürfen.

Wir können auch mit den Wüstenvätern sagen: Ich bin nur Anfänger. Wir fangen an, uns für Gott zu öffnen. Und es gibt noch vieles, was in uns noch verschlossen ist, was von Gottes Licht durchdrungen werden möchte.

Diese Demut hält uns wach und lebendig. Und sie ist ein Zeichen dafür, dass wir wirklich auf dem Weg zu Gott sind.

AUF DEN WEG

In einer erschütternden Geschichte erzählt ein Rabbi von einem Juden, der mit Frau und Kind der spanischen Inquisition entfliehen konnte und in einem kleinen Boot über das Meer zu einer Insel trieb. Es kam aber ein Blitz und erschlug die Frau, später schleuderte der Sturm das Kind ins Meer. Allein, elend, ohne Kleidung, barfuß mit verwirrtem Haar und erhobenen Armen ging er weiter auf der wüsten Felseninsel und redete mit Gott: „Gott, ich bin hierher geflohen, um Dir dienen zu können, um Deine Gebote zu erfüllen und Deinen Namen zu heiligen, aber Du hast alles getan, damit ich nicht an Dich glaube. Es wird Dir nicht gelingen, mich von meinem Weg abzubringen. Ich sage Dir, mein Gott und Gott meiner Väter – es wird Dir nicht gelingen. Du hast mir alles genommen, was mir teuer war, Du kannst mich zu Tode peinigen, ich werde immer an Dich glauben. Ich werde Dich immer lieben, Dir selber zum Trotz. Und das sind meine letzten Worte, mein zorniger Gott: Du hast alles getan, damit ich an Dir verzweifle. Ich aber werde sterben, genau wie ich gelebt habe, in felsenfestem Glauben an Dich. Gelobt seist Du in alle Ewigkeit, Du, der ewig ist und einzig."

Wenn Gott uns, jedem Einzelnen von uns, diesen unerschütterlichen Glauben schenken würde, dann könnten wir, auch leidend, doch ein erfülltes Leben führen und sagen: Wir alle werden Dich einmal erfahren dürfen. Und mit Dir und in Dir ein Geist sein in glücklicher Erkenntnis, die uns auf Erden gefehlt hat. „Gelobt seist Du in alle Ewigkeit, Du, der ewig ist und einzig."

Rosemarie Egger

AUS DEM PROGRAMM DES VERLAGS NEUE STADT:
Christliche Spiritualität · Lebenshilfe · Biografien und mehr

Wolfgang Beinert/Rosemarie Egger (Hg.)
SO VIEL LEID – UND GOTT?
Ein Lesebuch zu existenziellen Glaubensfragen

Mit einem Essay von Wolfgang Beinert: »Ist Gott noch der Welt zu retten?«

184 S., kart., ISBN 978-3-7346-1300-5

Das Leben stellt viele Fragen. Auch nach Gott. Antworten von Josef Epping, Gotthard Fuchs, Anselm Grün, Christian Heidrich, Ralph Kunz, Wunibald Müller, Christoph Wrembek u. a.

Ermes Ronchi
DIE NACKTEN FRAGEN DES EVANGELIUMS

192 S., geb., ISBN 978-3-7346-1112-4

Jesus liebte die Fragen. Weil sie das Potenzial haben, weiterzuführen.
Ein Buch, das immer weitere Kreise zieht. Papst Franziskus dankte Pater Ronchi „für diese Anstöße, wieder uns selbst zu finden".
Bereits in der 7. Auflage!

Elisabeth Lukas
BINDE DEINEN KARREN AN EINEN STERN
Was uns im Leben weiterbringt

160 S., geb., ISBN 978-3-7346-1269-5

Die Viktor-Frankl-Schülerin Elisabeth Lukas, international bekannte Psychologin und approbierte Psychotherapeutin, gibt praxiserprobte Hilfen, mit schwierigen Situationen umzugehen. Aus dem Inhalt: Wenn Pläne zerbrechen – Schuld und Schuldgefühle – Ängste und Vertrauenskrisen – Die Kraft des Geistigen.

Bernd Aretz
BONHOEFFER. Gefangen und frei

160 S., geb., ISBN 978-3-7346-1095-0

Eine Hinführung zu Dietrich Bonhoeffer: Lebensstationen und thematische Querschnitte. Mit vielen Originalzitaten. Sichtbar wird ein Mensch und Theologe, der radikal nüchtern und tief gläubig seinen Weg ging – bis zu seiner Hinrichtung im KZ Flossenbürg, einer, der bis heute viel zu sagen hat.

Mehr unter: www.neuestadt.com